KB117095

어른을 위한
청소년의 세계

어른을 위한 청소년의 세계

1판 1쇄 발행 2022. 5. 30.
1판 3쇄 발행 2022. 8. 26.

지은이 김선희

발행인 고세규
편집 봉정하 디자인 유향주 홍보 박은경 마케팅 신일희
발행처 김영사

등록 1979년 5월 17일 (제406-2003-036호)
주소 경기도 파주시 문발로 197(문발동) 우편번호 10881
전화 마케팅부 031)955-3100, 편집부 031)955-3200 | 팩스 031)955-3111

값은 뒤표지에 있습니다.
ISBN 978-89-349-6192-5 03370

홈페이지 www.gimmyoung.com 블로그 blog.naver.com/gybook
인스타그램 instagram.com/gimmyoung 이메일 bestbook@gimmyoung.com

좋은 독자가 좋은 책을 만듭니다.
김영사는 독자 여러분의 의견에 항상 귀 기울이고 있습니다.

김선희 지음

김영사

글을 시작하며

어른과 아이가 함께 걸어갈 따뜻한 세상의 마음 길을 놓으며

《한겨레신문》에 칼럼을 연재하게 되면서 글은 교육자로서의 내 삶의 지팡이가 되어주었습니다. 글을 쓸 수 있었기에 입시관리를 위한 통제 중심 학교 체제에서 아이 한 사람 한 사람을 있는 그대로 존중하고자 애쓰는 나의 노력에 스스로 박수를 보낼 수 있게 되었습니다. 많은 순간 내가 쓴 글을 짚고 일어서서 다시 발령받는 마음으로 아침을 맞았습니다.

아이들의 능력을 선별하여 규격화하는 데 열을 올리는 교육현실에 종종 극도의 이질감을 느끼며 태양계를 이탈한 우주의 어느 지점에 홀로 선 듯 외롭게 얼어붙기도 했습니다.

내게 있어 글쓰기는 나를 돋보이게 하는 하나의 재능이 아니라, 극한 상황에서 생존을 위해 붙잡은 가느다란 밧줄입니다. 못나도 자신에게 주어진 삶을 어떻게든 살아내야 하듯 재주가 미천해도 글쓰기를 멈출 수는 없었습니다. 써야만 나를 학교현장에서 살아 있게 할 수 있었습니다.

아이들이 가끔 '이불 밖은 위험해'라는 표현을 씁니다. 글은 나라는 고유한 존재가 지닌 사유의 세계를 두툼한 목화 솜이불로 덮어주듯, 끊임없이 같아지기를 요구하는 싸늘한 세상의 한기를 차단하는 쉼터였습니다. 그 쉼을 통해 또다시 매서운 칼바람에 맞설 용기를 얻었습니다.

수십 편의 칼럼에 상황 묘사를 덧붙여 에세이로 다듬는 과정에서 새 글을 쓰지 못한 동안 나라는 존재의 성장도 함께 멈춘 것 같았습니다. 학교에서는 내가 남긴 글을 통해 관성이 된 공감대화로 아이들과 꾸준히 교감할 수 있었습니다. 그러나 가정에서는 달랐습니다. 두 아들을 대하는 내 태도에서 어딘지 모르게 퇴행이 느껴졌습니다.

아니나 다를까, 어느 날 알게 모르게 늘어난 나의 지나친 관여에 두 아들이 각자의 방식으로 거부감을 드러냈습니다. 뒤늦게 정확한 마음을 알아차린 나는 진심으로 사과하며 덧붙여 말했습니다.

"얘들아, 너희들이 보여준 표정이나 말, 또는 행동 덕분에 엄마가 침범할 수도 있는 너희들의 경계가 잘 지켜진 것 같아. 그 점이 참 고마워. 덕분에 엄마는 부모로서 교사로서 끊임없이 성장할 수 있었어. 그럼에도 불구하고 내겐 여전히 후진 관성이 있어. 그때마다 너희들 저마다가 지닌 놀라운 존재의 품격을 함께 끌어내리는 것 같아 많이 미안해. 이렇게 잠시 나를 향한 예리한 시선을 거두면 다시 촌스러워지는 엄마를 견뎌내느라 십수 년간 힘든 순간이 얼마나 많았니? 생각날 때마다 오늘처럼 다 말해줄 수 있겠니? 일일이 사과하고 싶구나."

큰아이가 내 눈을 깊이 바라보며 말했습니다.

"엄마. 이제는 괜찮아."

"괜찮다니 다행이다. 하지만 지난 잘못을 모두 알 수 있다면 더 세심하고 다정한 어른이 될 수 있을 것 같아."

간절한 나의 얼굴을 잠잠히 바라보며 아이는 말했습니다.

"내가 괜찮다고 말하는 이유는 엄마가 완벽해졌다는 뜻이 아니야. 책 읽고, 강의 듣고, 좋은 사람들을 만나 교류하며 끊임없이 변하고 있다는 걸 봐왔기 때문이야. 엄마가 앞으로도 깨달은 바를 잘 실천해갈 거라는 믿음이 들어."

곁에서 듣고 있던 작은 아이도 공감하는 눈빛으로 고개를 끄덕거렸습니다. 나는 울컥 눈물이 났습니다.

돌아보니 너그러운 마음으로 기다려주지 않는 세상에 치인 우리는 많은 순간 앞서 달려가 아이 손을 잡아채듯 '속히 자랄 것'을 강요하곤 했습니다. 하지만 아이들은 우리에게 받은 대로 돌려주지 않았습니다. 우리가 자신의 부모라는 이유로 그저 믿고 지켜보며 끊임없이 나아질 기회를 주었습니다.

그 어떤 존재도 완벽할 수 없습니다. 몸이 유난히 약한 저리는 존재는 더 그렇습니다. 그러나 우리 사이에 온전한 사랑의 관계를 추구하는 열망이 있다면 앞으로 얼마든지 성장할 수 있다고 믿습니다.

구조적으로 병든 선별 중심 교육 체제에서 종종 몸살을 앓던 제게 정혜신 선생님께서 말씀하셨습니다.

"아플 수밖에… 선희야, 충분히 앓아."

그 말씀은 때로 지옥 같은 교육현장에서 저를 다시 살게 했습니다. 실컷 앓고 개운하게 일어난 제게 이명수 선생님은 말씀하셨습니다.

"잘했다. 넌 그저 사랑만 해."

그제야 나도 모르게 스스로를 도구화하려는 관성에서 온전히 벗어날 수 있었습니다. '천천히, 오래오래, 다정하게' 저를 믿고 지켜봐주시는 이명수 선생님, 오직 사랑의 마음으로 함께 걸어주신 정혜신 선생님, 감사드립니다.

두 분은 어려운 환경에서 자라느라 유예된 부모의 사랑을 뒤늦게나마 피부로 느끼며 배울 수 있도록 묵묵히 제 곁을 지켜주셨습니다. 그 사랑이 끝없는 경쟁 체제에서 우리 아이들의 존엄을 온전히 지켜주고픈 모든 부모와 교사의 마음에 닿기를 기도하며 삐뚤빼뚤 엉성한 글을 써 내려갔습니다.

부족한 글을 1년 6개월간 연재할 수 있도록 기꺼이 지면을 내어준 '한겨레 토요판' 팀과, 믿고 출판을 제안해주신 김영사에 감사드립니다. 덕분에 제 마음 같은 독자들과 연결됨으로써 더 이상 혼자가 아님을 확인할 수 있었습니다.

어른에게도 아이에게도 우리의 삶은 시급히 마무리할 성과가 아닙니다. 우리는 서로 함께 살아가는 더없이 소중한 존재입니다. 이 책을 손에 든 당신에게 그저 이 한 문장만을 제대로 전할 수만 있다면 나머지를 다 잊어도 전혀 섭섭하지 않을 것입니다. 이 마음을 온전히 알아주는 단 한 명의 독자가 있다면 마음이 늘 버석거리고 몸이 버거운 학교현장에서 언제까지나 두 발을 딛고 용감하게 버틸 수 있을 것 같습니다.

당신 한 사람 덕분에, 저는 또다시 수많은 밤과 새벽을 밝혀 어른과 아이가 함께 당당하게 걸어갈 따뜻한 세상의 마음 길을 놓을 수 있습니다. 감사합니다.

다정하고 섬세한 시선으로 첫 번째 독자가 되어준 인생 길동무 박성열.

정말 고맙고, 언제나 사랑해.

은은한 햇살이 비치는 침실 안 작은 서재에서

김선희

차례

글을 시작하며 5

1 주로 어떤 말을 건네십니까?

"더 노력해봐"라고 말해야 했을까 15
"널 좋아하는 이유는" 22
"24시간 아무 때나 연락하렴" 28
"네 방법이 맞아"라고 얘기해야 할 때 33
"수고했어, 오늘도" 39
가장 좋은 말은 충분히 들어주는 것 46
'믿는다'는 말의 에너지 52
한 아이를 살리는 교사의 한 마디 60
지금도 SOS를 보내는 아이들 65
"네가 옳아"라는 말의 힘 71

2 이해 못 할 것이 하나도 없다

마주한 순간에 집중 83
부모 자신부터 돌봐야 하는 이유 91
거부감 이면에 뭐가 있을까? 97
아이들은 교사를 닮아간다 102
학폭위 이전의 수많은 기회들 110
스스로 존엄을 지키는 아이들 116
세상을 구하는 작은 방법 121
폭력 앞에 격리만이 답일까 127
밝은 면으로 다가서기 134
나를 봐야 남이 보인다 139

3 모두 다 참 괜찮은 아이들

다 같은 부모 마음 149
"요즘 애들은"이라 말하기 전에 155
가만히 지켜봐주는 부모 161
최고의 5등급 우등생 168
중2병은 없다 173
사과하는 용기, 진짜 어른 179
인권을 알아가는 아이들 192
배제와 혐오가 없는 교실 196

4 자신을 믿어준다고 느낄 때

거세당하는 주인의식 207
믿는 만큼 자라는 아이들 216
소식이 닿지 않는 스승에게 222
교사는 아이들의 질문을 먹고 자란다 228
서로 다른 생각들이 모인 교실 232
싫다고 말할 수 있는 용기 237
아이는 양육의 결과물이 아니다 242
교실에서만큼은 누구도 소외되지 않도록 256
청소년은 양육자보다 동행자 원해 261
몸과 마음이 건강한 안전한 삶 268

에필로그 274

일러두기 이 책은 생생한 교육 현장의 사례를 가감 없이 전하기 위해 저자가 교사 생활을 하며 만난 아이들과의 대화로 구성되어 있다. 개인정보 보호를 위해 일부 내용을 재구성하였으며, 아이들의 이름은 모두 가명으로 처리했다.

①

주로 어떤 말을 건네십니까?

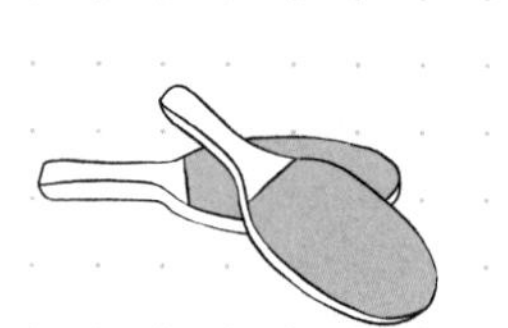

"더 노력해봐"라고 말해야 했을까

"요즘 아이들은 너무 이기적이야. 나 때는 말이야…."

맞는 말이다. 우리 때는 아무래도 덜했다. 그때도 우리 사회는 학업의 성공이 평생의 밥줄로 이어지는 경쟁교육 체제였다. 하지만 지금과 달리 그때는 정겨운 어른들과 맞닿을 기회가 꽤 많이 있었다. 동전 오락기에 흠뻑 빠진 아이를 달래 집으로 돌려보내는 문방구 아저씨, 종종 가족들의 안부를 묻는 구멍가게 아줌마, 오가다 만나면 머리를 쓰다듬으며 격려해주는 이웃집 어른들, 큰 부담 없이 한 끼 얻어먹을 수도 있는 친구네 부모님, 무시로 왕래하며 말없이 용돈을 찔러주는 친척 어른들….

요즘 아이들은 가정, 학교, 학원 이외의 다른 곳에서 어른의 관심을 받기 어렵다. 아이들은 부모와 교사 모두가 비슷한 욕망으로 대한다는 걸 느낀다. 그러니 어른들은 죄다 자신을 '고유한 한 존재가 아닌 성취라는 과업에 동원된 대상'으로 여긴다고 믿기 마련이다.

매사에 묵묵히 최선을 다하는 피아니스트 지망생 현아의 이야기다. 몇 주간의 온라인 수업 기간 중 안부를 묻는 내 전화에, 현아는 요즘 들어 부쩍 힘들어진 자신의 마음을 선뜻 드러냈다.

"선생님, 저 요즘 자신감을 완전히 잃었어요. 벌써 몇 주째 아무것도 할 수가 없어요."

아이의 음성은 억누른 울음이 섞여 묵직하게 떨렸다.

"저런, 그간 무슨 일이 있었던 거니?"

평소 진중하고 평온했던 현아의 갑작스러운 변화에 나는 놀란 마음을 다스리며 가만히 물었다.

"저는 여섯 살 때부터 한 해도 빠지지 않고 피아노를 쳐왔어요. 처음부터 소질을 인정받았고 열심히 할수록 더 많은 칭찬이 쏟아지니 힘든 줄 모르고 즐겁게 해왔어요. 그런 저를 보며 부러움을 느낀 단짝 친구 상희가, 자기도 그간 취미로 쳤던 피아노를 전공으로 하고 싶다고 하더라고요. 부모님들도 서로 친하다 보니 저를 가르쳐주시는 선생님을 소개해 함께 배우러 다니게 되었어요. 전공 레슨을 일찍 시작한 덕에 기초를 탄탄하게 이룬 저를 상희가 많이 부러워했어요. 그런데 올 겨울방학을 지나면서 상희의 실력이 눈에 띄게 좋아졌어요. 저보다 체격이 좋아 지구력과 집중력이 받쳐주니 힘 있는 연주 실력을 갖춰 가는 것 같더라고요. 이제 더 이상 저를 부러워하지 않는 게 느껴져요."

간혹 민망한 듯 힘없이 목소리가 끊기다가도 다시 이어가며 솔직한 심정을 토로했다.

"아, 그렇구나. 그때 넌 어떤 마음이 들었어?"

"몇 년이나 일찍 시작한 제가 더 잘해야 정상일 것 같은데, 오히려 상희가 앞서고 있으니 제 소질을 의심하게 돼요. 자꾸만 힘이 빠져서 연주는 물론, 매일 꾸준히 해오던 학교 공부마저 제대로 못하게 되고요. 이대로 가다가는 연주와 학업 모두 망할 것 같아서 두려워요."

낮게 사라지는 음성 뒤로 콧물 삼키는 소리가 들려왔다.

"그랬구나. 홀로 얼마나 힘들었을까. 그간 이런 네 마음을 털어놓을 상대가 있었을까?"

"네, 맨 처음에 엄마에게 말씀드렸어요. 그랬더니 엄마가 그러시더군요. '지구력은 저절로 생기는 게 아니야. 너도 상희처럼 일찍 자고 운동 열심히 해서 체력을 기르면 되잖아'라고요."

아이는 더 이상 말을 잇지 못하겠다는 듯 거칠게 울기 시작했다. 나는 지금 우리가 전화로 연결되어 있다는 느낌을 주는 정도의 반응만을 하며 울음이 잦아들기를 기다렸다.

"저런. 엄마의 말에 이토록 마음이 아팠구나."

"네, 위기를 느낀 순간부터 몇 주 동안 잠시도 마음 편히 쉬지 못하며 최선을 다했는데, 제 노력을 하나도 알아주지 않는 것 같아서 절망했어요."

아이가 '절망'이라는 표현을 쓰자 내 가슴이 덜컹 내려앉는 듯했다.

"그랬구나. 외로웠겠다. 그럴 때 선생님과 의논하면 어땠을까?"

"친구를 질투하는 게 부끄러워서 선생님께 말씀드리기 어려웠어요."

투명하게 드러내는 아이의 마음이 사랑스러워 한층 더 다정한 목소리로 물었다.

"질투심은 나쁜 감정이라고 생각하나 봐?"

"학교에서는 항상 남을 먼저 배려하고 존중하며 협력하라고 배우니까요."

미안한 듯 힘을 잃은 목소리에서 아이의 착한 심성이 그대로 느껴졌다.

"그랬겠네. 하지만 누군가 나보다 몇 년이나 늦게 시작한 일을 더 잘 할 때 조바심이 들거나 위축되지 않을 도리가 있을까?

그건 누구나 느낄 수 있는 감정 아닌가?"

"맞아요."

아이는 내 말을 기다렸다는 듯 빠르게 응수했다.

"그래, 맞아. 그래서 더는 해결할 방법을 찾기 어려웠니?"

"아니요, 수학 학원에서 같은 반인 예진이라는 친구가 있어요. 그 아이도 저와 비슷한 고민에 빠졌다는 얘기를 듣고 함께 극복해보기로 했어요. 예진이랑 며칠 동안 전화나 카톡으로 이전의 리듬을 찾아보려 노력하면서부터 외로움이 덜어졌어요. 그런데 서로의 이야기를 듣다 보면 오히려 비참한 마음이 더 커지기도 했어요. 기껏 힘을 내어 응원했음에도 다음 날 다시 좌절하는 예진이의 모습을 보면 저도 두 배로 기운이 빠져 함께 지옥으로 떨어지는 것 같아요."

"아, 이미 예진이란 친구도 많이 지쳐서 역부족이었나 보구나. 그러니 얼마나 힘이 들었을까. 하필 도움을 청한 두 사람 모두 네 마음을 정확하게 읽지 못했거나 부축해줄 만한 힘이 없는 상태여서 너무 아쉽네. 그럼에도 이 힘든 문제를 혼자서만 해결하려 하지 않고 도움을 받거나 함께 해결해 나가려 애쓴 현아가 참 현명한 것 같아. 지금은 마음이 어떠니?"

"선생님과 이야기를 나누고 나니 한결 가벼워요."

아이는 어느새 자긍심마저 깃든 환한 목소리로 말했다.

"그렇다면 당분간 내가 예진이처럼 너와 같은 입장에서 이야기를 나누며 다시 일어설 때까지 힘이 되어주면 어때?"

"좋을 것 같아요."

전화기 너머로 반기는 현아의 표정이 보이는 것 같았다.

"그래, 좋아. 예진이와 함께 극복해낼 힘이 생길 때까지 선생님이 동행할게."

일주일 뒤 현아는 기다렸다는 듯 전화를 받아 예진이와 함께 사회관계망서비스(SNS)로 일과 계획을 공유하여 매일 그날의 성과를 피드백하며 서로 격려하고 있다고 전했다. 다시 일주일 뒤에 전화했을 때는 회복된 생활 리듬뿐 아니라 친구와 함께 슬럼프를 이겨낸 성공감까지 보태진 듯했다. 삶에 대한 자신감이 한층 높아져 있다고 할까.

끝없이 비교우위를 요구하는 경쟁 구도에서 어른들은 어떻게 얘기하고 있는가? 가정은 '지지 말고 이기라' 하고, 학교와 사회는 '협력하여 상생하라' 한다. 많은 아이가 마음을 제대로 깊이 들여다봐주는 어른 한 명 없이 이 모순된 세상에서 외줄을 타는 심정으로 막막한 불안과 끝 모를 죄책감에 사로잡혀 주눅 들어가고 있다.

이기심은 물질적 풍요로 생기는 것도 아니고, 반복되는 승부에서 성공하는 결과로 생기는 것도 아니다. 존재 그 자체로 존중받지 못해서, 즉 제대로 된 사랑을 받지 못해서 생기는 마음이다. 우리의 건강한 미래를 위해 애꿎은 아이들에게 '무서운 10대'니 '중2병'이니 하는 무책임하고 일방적인 꼬리표를 달아 혐오의 대상으로 여기지 않길 바란다.

아이들이 주변 사람과 협력하면서 잘 살아가도록 가르치기를 원한다면, 가르침을 주고자 하는 바로 그 어른이 아이 마음에 눈을 맞추고 어깨를 내밀어 길동무가 되어주는 것이 먼저이다.

“널 좋아하는 이유는”

은정이는 내가 수업 지도를 맡은 중학교 1학년 학생이었다. 가무잡잡한 피부에 버짐이 피었던 자리인지 허연 반점이 군데군데 눈에 띄었다. 누군가에게 물려 입었는지, 누리끼리한 교복 소맷부리 밑으로 앙상한 손목이 드러났다. 까마득한 내 어린 시절, 빈민가에서 흔히 볼 수 있었던 이웃들의 모습과 겹쳐 유난히 눈길이 갔다.

은정이를 자주 만나는 곳은 1학년 교실이 있는 5층이 아니라 본 교무실이 있는 2층 복도였다. 수업을 위해 교무실을 오고 가다 보면 복도 어디선가 은정이가 번개처럼 나타나 “선생님, 뭐 도와드릴 거 있을까요?” 하며 묻곤 했다. 그럴 때면 수업시간에 보여준 무기력한 눈빛과는 사뭇 다르게 기운 차 보였다. 특히,

무거운 물건을 들고 있을 때 어디선가 지켜보며 기다리고 있었던 듯 '짠' 하고 나타나 거들어주어서 여러 번 긴한 도움을 받기도 했다.

어느 날 수업을 마치고 인적 드문 복도를 지나가다 마주 오는 은정이를 보았다. 반가운 마음에 "은정아!" 하고 부르니 역시 90도로 허리까지 깊이 굽혀 인사하고는 종종걸음으로 다가왔다.

"선생님, 그 책들 제가 들어드릴게요."

은정이의 두 손은 이미 내가 들고 있던 몇 권의 교재에 닿아 있었다.

"아냐, 무겁지 않아. 그저 반가워서 부른 거야."

나는 손사래를 치며 답했다. 그 말을 들은 아이의 표정이 왠지 어둡고 불편해 보였다. 잠시 머뭇거리더니 "선생님, 그래도 제가 들어드리면 안 될까요?" 하고 다시 물어왔다. 왠지 다급해 보이기까지 했다.

"나를 꼭 도와주고 싶구나" 하며 책을 건넸다. 아이는 그제야 조금 안심한 듯 교무실 문 앞까지 동행하곤 고맙다는 나의 인사를 채 듣기도 전에 급히 몸을 돌려 사라졌다. 그날따라 유난히 피곤하고 불안해 보였던 아이의 모습이 자꾸 마음에 걸려 하교 시간이 지난 뒤 은정이의 담임 교사를 찾아갔다.

"선생님 반에 은정이 있잖아요? 조용하긴 한데 수업에 집중이 어려워 보이고 친구들과도 잘 어울리지 않아 관심 있게 보고 있거든요. 오늘 복도에서 잠시 만났는데 눈빛이 유난히 불안해 보였어요. 혹시 무슨 일이 있었을까요?"

학기초였지만 담임 선생님은 은정이에 대해 이미 많은 것을 알고 계셨다.

"은정이네 아버지는 중증 알코올중독으로 오래전부터 입퇴원을 반복하고 있어요. 술을 마시면 집 안의 물건을 집어 던지는 등 폭력을 일삼아서 은정이와 동생들은 긴장과 두려움 속에서 어렵게 살아가고 있어요. 어머니가 2교대로 공장일을 하며 근근이 생계를 이어가고 있다 보니 식사도 부실하고 기초학습 능력이 많이 떨어져요. 늘 주눅이 들어 있어 친구들과도 통 어울리지 못하고요. 저희 반 부반장을 비롯해 몇 명의 속 깊은 아이들에게 권유해서 은정이에게 먼저 다가가 보라고 권했지만 관계에 대한 자신감이 부족해서인지 아이들 곁에 있으려 하지를 않더라고요."

담임 선생님은 은정이에 대해 여러모로 마음을 쓰고 있었다.

"아, 그랬군요. 아무래도 가정 안에서 자기 존중감을 충분히 확인하며 성장하기 어려웠던 것 같네요. 친구들보다는 좀 더 안전하게 느껴지는 어른들 곁에서 자기가 잘할 수 있는 일로 인정받고 싶었나 봐요."

복도에서 종종 나를 돕고자 했던 은정이의 행동을 전하며 내 생각을 말했더니 담임 교사도 비슷한 경험을 하고 있다며 전적으로 공감했다. 그리고 아이의 자신감을 키우기 위해 담임 교사나 교과 지도 교사의 입장에서 어떤 노력이 필요할지에 대해 서로의 의견을 나누기도 했다.

얼마 후 교무실 주변을 맴돌던 은정이를 다시 만났다. 역시나 내 손에 대신 들어줄 물건이 있는지부터 살폈다. 나는 아이가 '다른 사람에게 쓸모 있는 사람인지' 확인하기보다 자기 존재 자체의 소중함을 먼저 깨닫기 바랐다. 그래서 가까이 다가가 눈을 다정하게 바라보며 진심을 다해 말했다.

"은정아, 선생님이 너를 만날 때마다 반기는 건 네가 나를 도와주리라는 기대 때문이 아니야. 네가 나를 도와주지 않아도 난, 그냥 네가 좋아. 너도 날 만날 때 그저 반기면 좋겠어."

그러자 아이는 "아… 네" 하며 엷은 미소를 보였다.

그 후로 아이는 내 앞에서 더 이상 긴장하지 않았다. 힘찬 표정과 동그란 눈으로 괜찮아 보이려 가장하지도 않았다. 힘들 땐 힘든 얼굴로, 기분 좋을 땐 기분 좋은 모습 그대로였다. 점차 각 잡힌 인사 대신 표정과 손짓으로 반가운 마음을 주고받곤 했다. 연말 즈음에는 모둠 형태로 이루어지는 수업 활동에 적절히 참여하는 모습도 보였다.

이듬해엔 복도나 교무실에서 만날 기회가 줄었다. 그해에는 내가 은정이와 같은 학년 수업을 담당하지 않아서 자주 못 보게 된 줄로만 알았다. 그러나 곧 은정이가 쉬는 시간에도 친구들과 더불어 교실에 머무는 시간이 많아졌다는 것을 알게 되었다.

그 후 꽤 오랜만에 졸업반이 된 은정이를 학교축제에서 다시 만났다. 은정이는 몇 명의 발랄한 친구들과 어울려 장기자랑 무대에서 댄스와 노래로 당당하고 멋진 모습을 보여주었다. 이제 더 이상 위축되고 불안했던 예전의 은정이가 아니었다.

문득 고마운 마음에 가슴이 뭉클했다. 무대 뒤로 퇴장한 은정이 곁에 슬쩍 다가가 말을 걸었다.

"우와! 넌 어쩜 그리 확실하게 멋지니?"

아이는 온전히 신뢰하는 함박웃음을 보이며 하이파이브를 날리고 멀어져갔다. 아이의 뒷모습을 오래도록 바라보면서 내 가슴도 절로 쫙 펴졌다.

각박한 능력주의 사회에서 우리 모두 비교 우위를 차지하기 위해 끝도 없는 긴장으로 위축돼 떨곤 한다. 그러나 어쩌면 세상을 잘 살아가는 데 그토록 많은 능력이 필요한 건 아닐지도 모른다. 고유한 자기 존재의 소중함을 느낄 수만 있어도, 서로의 소중함을 알아만 주어도 지금보다 훨씬 더 살맛 나는 세상이 되지 않을까?

오랜 세월 구겨진 마음조차 잠시 닿기만 한 따스한 눈길에도 활짝 꽃 피워내는 아이들의 성장을 지켜본다. 우리 사회의 희망은 바로 아이들에게 있음을 확신한다. 오늘도 나는 수도 없이 나 자신과 아이들에게 말한다.

"잘 하지 않아도 상관없어. 나는 그냥 네가 좋아."

"24시간 아무 때나 연락하렴"

고등학교 1학년 승애의 담임이 된 그해 봄, 우리 반은 유난히도 성취욕이 높았다. 학교에서 진로 특강이 열리면 많은 아이가 앞다투어 신청했고, 과제나 각종 서류의 제출도 일사천리로 이루어졌다. 예년 같으면 지원율이 낮았을 분야의 교내 봉사활동도 이번에는 지원자가 넘쳐서 담임 교사의 역할이 한결 수월해졌다.

입시 성과에 조금이라도 도움이 될 만한 일이라고 여기면 무엇이든 다 하겠다는 듯 열을 올리는 아이들이 많다 보니 반 전체가 영향을 받는 분위기였다. 학기초부터 우리 반 수업을 맡은 여러 교과 선생님이 말했다.

"김선희 선생님, 올해 계 탔네요. 아이들의 학습 의욕이 얼마나 높은지 수업시간 내내 눈이 반짝반짝 빛나요."

선생님들은 자신의 수업에 대해 몰입도가 높아 우리 반의 분위기에 만족하면서도 한편으로는 다른 반 담임으로서 부러운 듯한 반응이었다. 4월이 되어 첫 지필고사 일정이 발표되자 아이들의 공부 열기는 더욱 뜨거웠다.

한편 시험 며칠 전부터 손에 꼽는 우등생인 승애의 낯빛이 눈에 띄게 어둡고 눈은 심하게 충혈이 된 상태였다.

"승애야, 너 요즘 잠을 잘 못 자니?"

책임감이 높아 다른 청소 당번들이 모두 하교하고 난 뒤에 남아 교실 문단속을 돕고 있던 승애에게 슬며시 말을 걸었다.

"네, 시험이 며칠이나 남았다고 잠을 자요. 남들 자는 만큼 다 자면 어떻게 제가 원하는 대학에 가겠어요?"

승애는 잠을 안 자는 것이 당연하다는 듯 대답했다.

"저런… 그랬구나. 그런데 넌 이해력도 좋고 누구보다 수업에 열중하고 있으니 그날그날 복습만 잘해도 성과가 좋지 않을까?"

승애는 다소 성가신 듯 말을 이어갔다.

"사실 엄마도 자꾸만 자라고 간섭하세요. 제 또래 사촌이 세 명 있어요. 그 아이들 모두 올해 특목고에 입학했어요. 저만 애초부터 지원할 성적도 안 되었으니 엄마가 무척 부러워하셨을 텐데 제 앞에서 한 번도 내색하지 않으셨어요. 내신 관리가 좀 더 수월한 일반고에 왔으니 어떻게든 성적을 잘 받아서 명문대에 들어가 엄마에게도 효도하고 싶어요."

아이의 눈빛은 간절했다.

그날부터 며칠간 승애의 문자를 받았다. 밤늦은 시간임에도 승애는 입시에 관한 질문을 문자로 보내왔다. 명석하고 예의 바른 승애가 시간을 가리지 않고 문자를 보내니 과도한 불안에 시달린다는 걸 느낄 수 있었다.

특히, 첫날에 치른 시험을 잘 보지 못한 탓인지 주말을 맞이한 아이의 불안은 일요일 새벽에 절정을 이루었다. 새벽 4시에 문득 잠에서 깼는데 승애로부터 기나긴 문자가 왔다. 이른 시간에 문자를 보내는 실례를 저질러 죄송하다는 사죄의 말이 내용 전체의 반을 차지하면서도, 이렇게 끝내 보낸 걸 보니 홀로 지옥 속을 걷고 있는 게 분명했다. 덜컥 걱정스러운 마음이 들었다. 아이의 마음을 자세히 알고 싶어 바로 전화를 걸었다.

승애는 어머니의 조언을 듣지 않고 각성 음료를 마시며 며칠 동안 잠을 미뤘다가 집중력이 흐려진 탓에 첫날 시험을 망쳤다며 자책했다. 남은 기간이라도 잠을 자보려고 했지만 이미 망친 점수를 남은 과목에서 만회해야 한다는 마음에 도저히 잠이 오지 않는다고 말했다. 게다가 깨어 있어도 심한 두통으로 공부도 되지 않는다는 것이다. 그러더니 "정말 아무것도 할 수 없어요.

이제 그만 모든 걸 포기해야 할까요?" 하며 울먹였다.

아이의 막막한 심정을 들으니 가슴이 아팠다. 그 어떤 충고와 조언도 막다른 골목에 선 듯한 아이의 불안한 마음을 달래줄 수 없을 것 같았다.

"승애야, 이 시간까지 잠도 못 들고 공부도 안 되니 얼마나 외롭고 힘들었니? 이런 상황을 솔직하게 알려줘서 고마워. 앞으로도 힘든 일 있으면 언제든 연락해. 샘의 전화가 너에게만큼은 24시간 열려 있을 거야."

"정말 감사합니다. 왠지 선생님만큼은 저를 탓하지 않을 것 같았어요. 이젠 좀 안심이 돼요. 그만 자봐야겠어요."

승애의 마지막 말을 듣고 나니 나도 조금 안심이 되었다. 그 아이의 마음을 정확히 알고 공감하게 된 순간, 감정이입되었던 내 불안도 해소되었다.

그날 이후 승애는 단 한 번도 방과후나 휴일에 문자를 보내거나 전화를 하지 않았다. 대신 가끔 교무실에 찾아와 내 형편을 물으며 정중하게 상담을 요청하곤 했다. 주로 불안을 호소하기보다는 자신의 학업 계획이나 포부를 밝히며 지속적으로 이어지는 나의 관심을 확인하는 데 그쳤다. 그리고 1년 내내 지칠 줄 모르는 활력을 보이며 탄력적이고 의욕적인 학교생활을 이어갔다.

'충조평판(충고·조언·평가·판단)' 없는 공감의 힘을 깨닫기 전이었다면 나는 승애에게 다르게 대했을지도 모른다. 자칫 버릇없는 아이가 될까봐 끝내 '아무 때나 연락하라'고 말하지 못하고 그럴싸한 조언을 했을지도 모른다. 위기를 감지한 내가 아이의 마음을 구체적으로 묻고 들은 뒤 언제든 연락하라고 말하자 아이는 일순간에 안정감을 되찾은 것이다. 공감은 그 어떤 충고나 조언과 맞바꿀 수 없는 정확한 처방이었음을 다시금 깨달았다.

불안을 연료로 돌아가는 우리 사회의 공기 속에서 자라는 아이들은 이미 무언가를 이룬 어른들에 비해 더 높은 불안에 시달릴 수 있다. 절대빈곤에 대한 공포와 불안으로 살아온 부모 세대의 불안이, 더 나은 세상으로 가고자 하는 우리 세대의 발목을 잡아 그대로 아이들에게 대물림되고 있는 것이다.

누구나 가장 극한 상황에 처하면 다른 사람의 존재를 확인하고자 하듯, 누군가 함께하고 있음을 확인하는 것만으로도 희망으로 가는 마음의 탈출구는 활짝 열리게 된다.

문득 재난영화에서 살아남은 주인공이 허공을 향해 본능적으로 외치는 목소리가 들려온다.

"거기 누구 없어요?"

“네 방법이 맞아”라고 얘기해야 할 때

불안과 긴장으로 작동하는 성취 강박 사회에서 지금 아이들의 마음은 점점 아프기만 하다. ‘실패는 성공의 어머니’라는 말이 통하지 않는 선발 중심, 결과 중심 학교 체제에서 공부에 대한 그 어떤 자기 실험의 경험도 갖기가 어렵다. 점차 자기 주도성을 잃어가는 아이들을 탓할 수도, 아이보다 한 발 앞서 실패를 예방해주려는 학부형을 탓할 수도 없는 노릇이다. 애초 각자도생을 부추기는 교육 시스템 자체가 나쁘기 때문이다.

그럼에도 불구하고 아이들이 학업을 통해 자기효능감을 길러가는 일은 매우 중요하다. 변화가 빠르고 복잡한 세상 속에서 부모가 언제까지나 아이 곁을 지키며 든든한 해결사가 되어줄 수는 없다. 누구나 언젠가는 스스로의 날개로 날아야 한다. 아이가 부모의 안전한 울타리 안에 있을 때 세상을 향해 날아갈 자기 근력을 기를 수 있도록 따뜻한 마음으로 격려하고 긴 호흡으로 지켜봐주어야 한다.

중학교 2학년 민우의 이야기를 들려주고 싶다. 몇 해 전 민우의 담임을 맡았을 때의 일이다. 며칠째 민우가 초조한 듯 복도를 왔다 갔다 하는 게 보였다. 눈이 마주치자 곧 교무실로 들어설 듯하더니 또다시 눈길을 피해 되돌아가기를 여러 차례 반복했다. 나는 궁금한 마음에 자리에서 일어나 아이를 불렀다.

"민우야, 할 얘기가 있는 모양인데, 좀 들어와 볼래?"

고개를 푹 숙인 채 들어선 민우는 우물쭈물 작은 목소리로 말했다.

"선생님, …저 지금 불안해요."

평소와 달리 어둡고 진지한 표정을 띤 민우의 얼굴을 가만히 살피며 물었다.

"아. 그랬구나. 불안한 이유가 뭘까?"

"이제 시험이 한 달도 안 남았어요. 수학을 잘 하고 싶은데, 학원 때문에 늘 바쁘고 남는 시간이 얼마 없어서 공부할 시간이 부족해요."

민우의 고민은 뜻밖이었다. 우리 반의 대표 장난꾸러기로 평소 공부에 열중하는 모습을 보기 힘들었던 데다 시험은 3주 이상 남아 있었다.

"저런, 시험 준비할 시간이 부족하게 느껴지는구나? 이번 시험이 유난히 짧게 느껴지는 이유는 뭘까?"

"저는 매일 두 시간씩 영어, 수학 학원을 다녀요. 그런데 숙제가 엄청 많아서 나머지 시간과 주말에는 숙제를 해야 해요. 다행히 영어는 따라갈 만한데, 수학이 문제예요. 저에게는 지금 배우고 있는 2학년 과정도 너무 어려운데 학원에서는 3학년 과정을 미리 배우고 있어요. 지난번 1차 지필고사에서 35점을 맞는 바람에 실망이 컸어요. 2차 시험은 어떻게든 잘 해보고 싶어요. 그러려면 무엇보다 제가 어려워하는 부분을 혼자 공부해봐야 할 것 같은데 시간이 안 나요."

민우는 이미 자신의 학업 상황을 구체적으로 파악하여 진단하고 있었다.

"그래, 아주 의미 있는 고민을 하고 있구나. 선생님이 무엇을 도와주면 좋겠니?"

"선생님이 엄마를 설득해주시면 좋겠어요. 시험 전까지라도 학원을 쉬면서 저 스스로 공부해보고 싶어요. 몇 번 말씀드려봤는데 엄마는 제가 수업에 따라가지 못하는 것은 다니던 학원의 지도법이 좋지 않아서라고 생각하세요. 그래서 공부 잘 하는 이웃집 아이 엄마의 소개로 다른 학원을 알아봐 옮겨주셨죠. 그런데 이번 학원은 그 전보다 더 어려운 문제를 다뤄서 저에게는 아무런 도움이 되지 않아요."

민우의 표정은 점점 더 상기되고 눈가는 젖어 들어갔다.

"공부 계획은 어떻게 세웠니? 엄마가 불안하지 않게 구체적인 계획을 알려드리면 더 잘 믿어주실 테니 말이야."

"초등학교 6학년 때랑 작년에 배웠던 개념들이 아직 혼동돼요. 그래서 6학년 문제집이랑 중1 때의 문제집을 사서 모두 풀고 있거든요. 어려운 문제들만 찾아내서 이해한 다음에, 중2 수학은 시험 범위를 중심으로 복습하는 중이에요."

놀라웠다. 아이는 스스로 자신의 학습 상태를 파악하여 그것에 맞춰 구체적인 계획을 세워가고 있는 중이었다.

다음 날 민우의 어머니를 만나 민우에게 들은 것을 전하며 대견함을 표현했다. 아이가 얼마나 정확하게 자신의 수학 학습 상황을 진단하고 그에 따른 구체적인 계획을 세웠는지, 그리고 공부에 대한 자기 근력을 기를 수 있는 좋은 기회라는 점도 강조하며 이야기했다. 결국 어머니는 시험 전 한 달간 수학학원을 쉬게 하는 데 동의했다.

시간이 지나 수학 시험이 끝난 뒤 뿌듯한 얼굴로 민우가 찾아왔다. 밝은 표정의 민우가 보여준 시험지에는 크게 75점이라고 쓰여 있었다. 단번에 40점이 오른 것이었다. 나는 민우에게 애썼다며 격려해주었고, 어머니도 궁금하실 테니 얼른 집에 가서 보여드리라고 했다.

하지만 이튿날 만난 민우의 얼굴 표정이 꽤 어두웠다.

"민우야, 오늘 안색이 안 좋네. 무슨 일이 있었을까?"

"선생님, 엄마가 '겨우 75점 맞을 거면서 학원까지 끊다니 한심하다'며 제 시험지를 죄다 찢어버리셨어요. 저는 역시 공부에 소질이 없나 봐요."

나는 울먹이는 아이의 두 손을 잡으며 말했다.

"저런… 칭찬받고 싶었을 텐데 실망이 컸겠네. 오죽하면 공부에 소질이 없다는 마음까지 생겼을까. 그런데 생각해보자. 넌 2년간 누적된 부족한 개념을 스스로 진단하고 해결할 방법까지 찾아내 실천했잖아. 성적이 단번에 40점이나 향상됐고. 그런 네가 공부에 소질이 없다니? 내가 보기에는 소질도 있고 가능성도 충분해."

민우는 눈물이 가득 고인 두 눈을 크게 뜨며 물었다.

"정말 그럴까요?"

나는 어깨를 쓰다듬으며 다시 말했다.

"그럼! 네 공부 전략은 놀랍도록 정확했어. 넌 성적뿐 아니라 다른 사람의 도움으로 90점, 100점 맞는 것보다 몇 배 더 귀한 자기 주도 학습능력을 기른 거야."

아이의 굳었던 얼굴이 한층 밝아졌다.

종종 학부모들에게 “우리 아이는 생각이 없어요” “애가 뭘 아나요?” 같은 말을 듣곤 한다. 하지만 나는 27년째 교사로 살아오며 ‘잘 살고 싶어 하지 않는’ 아이를 단 한 명도 만나지 못했다. 모든 아이가 저마다 주어진 환경에서 더 발전하고 싶어 애를 쓰며 커가고 있다.

아이야말로 스스로의 삶에 최적화된 전문가다.

아이가 주체적으로 삶의 다양한 문제를 해결하며 살아가는 힘을 기르기 원한다면 외부 전문가에게 묻기보다 아이 당사자에게 먼저 물어야 한다. 심지어 도움을 구할 때도 어떤 도움이 필요한지 차근차근 묻고 듣기를 바란다. 아이의 말에 대해 판단을 멈추고 구체적으로 물어보며 될수록 길게 들어보자. 그리고 곁에서 잠잠히 바라보며 오래 기다리자. 어차피 아이는 한시도 멈추지 않고 자란다. 지금 이 순간이 결코 아이 인생의 종착역이 아닌 것이다.

"수고했어,
오늘도"

이야기를 하기 전, 이 글에서 만날 석후가 자칫 비현실적인 인물로 오해받을까 걱정이 된다. 개인정보보호를 위해 비슷한 상황을 겪고 있는 여러 아이의 이야기를 조합하긴 했지만 엄연히 생생한 현장의 사례임을 강조하고 싶다.

최근 1, 2년 사이에 나는 속 깊은 아이들을 꽤 여럿 만나왔다. 주변에 이런 이야기를 하면 "요즘 아이들이 그렇게나 속이 깊어? 공부 잘 하는 아이가 심성까지 곱다고?" 하며 의심 어린 눈으로 보곤 한다. 특히 내신등급과 학력고사, 수능 같은 일제 고사의 철저한 줄 세우기로만 대입이 이루어졌던 시절을 보낸 기성세대는 더욱 그렇게 느낄 수 있다.

그러나 학교생활기록종합(이하 학종) 전형이 확대됨에 따라 학업성취라는 끝없는 첨탑을 세워가면서도 바른 인성을 드러내야 할 요즘의 입시 체제에서, 두 마리 토끼를 다 챙기느라 속이 시커멓게 타 들어가는 아이들을 흔히 볼 수 있다. 물론 계산적인 스펙 쌓기로 '최고'라는 확인을 받아내는 경우도 있긴 하다.

하지만 한편에서는 적지 않은 아이들이 학종 관리를 계기로 '함께 하는 삶의 가치'를 발견하며 동시에 추구하기도 한다. 그 과정에서 꽤 많은 아이가 보람이라는 달콤한 경험을 축적하며 건강한 가치관을 형성하기도 한다. 그것이 일부 후유증을 남기기도 한 '학종 전형의 적지 않은 성과'라 할 수 있다.

고등학생 석후는 성취욕이 매우 높다. 무슨 일이든 최선을 다하는데도 더 잘 하고 싶은 마음에 좌절 또한 많이 한다. 그럼에도 공동과제에서는 힘든 일을 기꺼이 도맡으며 주변 친구들의 학습을 친절하게 돕는 정감 있는 아이다. 교무실에 자주 찾아와 울먹이며 담임 교사와 상담하는 모습을 보니 매우 안쓰러웠는데, 좋은 음악 성적을 거두었기에 반가운 마음에 축하 인사를 건넸다.

"석후야, 너 이번 학기 음악 성적이 만점이야. 그토록 열정을 다하더니 결과가 참 좋구나."

잠시 기뻐하던 석후는 곧 고개를 푹 숙이며 말했다.

"음악을 비롯해 여러 과목이 만점인데요, 하필 수학에서 큰 실수를 했어요. 의대를 지망하는 제게 이런 결과가 무슨 소용이 있나 싶어서 너무 괴로워요. 이제 꿈을 포기해야 할까 봐요."

"저런, 꿈을 이루지 못할까봐 걱정되는구나. 너에게 의사라는 꿈은 어떤 의미일까?"

"저는 세상에서 가장 존경하는 의사인 아버지의 뒤를 따르고 싶어요. 힘들어하실 때도 있지만 열정을 다해 이웃의 건강을 돌보는 아버지의 모습이 정말 멋있거든요. 어려서부터 오랜 시간 동경해왔어요. 그러나 아무리 노력해도 부족하기만 한 저를 확인하게 되니 늘 괴로워요."

아이는 자신의 부족을 탓하며 의기소침했다.

이 아이는 사회적으로 선망하는 의사라는 직업 자체가 아닌 그 직업을 통해 추구하고자 하는 삶의 가치에 주목하고 있었던 것이다.

"제가 만일 의사가 된다면 난치병으로 평생 질병과 함께 살아가는 사람들을 돕고 싶어요."

"그래, 대학에서도 너처럼 건강한 내적 동기를 지닌 사람이 입학하기를 바라겠지. 숫자에 해당하는 점수로는 아쉬운 점이 있다 해도, 학교생활의 모든 기록으로 최선을 다하는 네 장점이 확연히 드러날 거야."

"하지만 결국 숫자로 최고를 증명해야 하는 게 의대잖아요.

아무리 열심히 해도 그 정도는 아닌가 싶어서 거듭 좌절하게 돼요."

아이는 눈시울을 붉혔다.

"너를 이토록 힘들게 하는 현실이 무척 원망스럽구나. 그런데 단지 숫자로 우열을 비교해 이런 너를 놓친다면 그건 오히려 대학이 아쉬운 거 아닌가?"

아이는 엷은 미소를 보이며 농담을 건넸다.

"전 그저 부족한 제 탓이라고만 생각했는데, 선생님 말씀대로라면 오히려 대학이 손해네요."

나는 힘주어 맞장구쳤다.

"그럼, 손해고말고!"

함께 소리 내어 웃은 뒤 나는 말했다.

"석후야, 네가 꿈꾸는 보람 있는 삶은 생각보다 많은 방법으로 이뤄갈 수 있어. 오로지 한길만 있는 건 아니니 모든 게 잘못될 것 같다는 두려움은 내려놓고 늘 해오던 대로 꾸준히 이어가면 좋겠어."

아이는 큰 위로가 되었다며 고마움을 표현했다.

그리고 나는 그 이듬해에 다른 학교로 전근을 하게 되었다. 어느 날엔가 우연히 늦은 밤에 독서실에서 나오는 석후를 만났다.

"선생님! 그간 선생님의 격려가 그리웠어요."

석후는 뜻밖의 만남에 놀란 듯 눈을 크게 뜨며 다가왔다.

"석후야, 정말 반갑다. 요즘은 마음이 어때?"

내 질문을 들은 석후는 낯빛을 어둡게 바꾸며 말했다.

"지금 시험 기간이에요. 내일이 바로 수학 시험인데, 작년에 한 번 망치고 나니 트라우마가 생겼는지 시간 관리에 실패해 다 풀지 못하곤 해요. 준비를 단단히 하고도 긴장과 불안에서 헤어나지 못하네요. 그래서 풀 수 있는 문제를 다 적어내지 못하는 제가 너무 한심해요."

나는 한 손을 석후의 어깨에 올리며 말했다.

"저런, 그랬구나. 이 시간이 되도록 밤낮없이 열심히 공부하는데도 여전히 네게 문제가 많다고 생각하는 거야?"

석후는 고개를 깊이 떨구며 답했다.

"그런 건 아니지만 한없이 못나게 느껴져요."

"그렇구나. 넌 협력 수업에서는 능력이 부족한 친구도 존중하며 끝까지 함께하도록 돕던데… 정작 너 자신에게는 그런 마음을 내기 어려운 거야?"

"네, 이토록 애써온 저 자신을 망치는 주범 같아서 그저 밉기만 해요."

아이의 눈가에 눈물이 비쳤다.

"선생님이 한 가지 물어볼게. 다른 친구가 무언가를 열심히 하고도 만족하는 결과를 얻지 못할 때 너는 그 애를 미워하니?"

"아니요. 위로하고 응원하죠."

"그런데 왜 너 자신에게는 그러지 못하는 걸까? '24시간 함께 하며 네 모든 노력을 가장 잘 아는 유일한 존재'가 바로 너 자신이잖아? 그런 스스로를 알아주고 격려한다면 정말 든든할 텐데."

"……."

아이는 말없이 바닥만 응시했다.

"오늘 낮 수업에서 한 아이가 공부로 지친 친구들을 위해 준비했다면서 노래 하나를 추천했는데, 그 곡 한번 들어볼래?"

나는 휴대전화로 '옥상달빛'의 〈수고했어, 오늘도〉라는 노래를 들려주었다. 첫 소절이 흘러나올 때부터 이미 석후의 눈에 눈물이 가득했다.

"노래 들어보니 어떤 마음이 들어?"

석후는 목소리를 가늘게 떨며 말했다.

"주변 사람의 위로는 솔직히 잠시뿐이에요. 정작 저 스스로를 인정할 수 없어 마음이 늘 지옥이었어요. 이제는 이런 제가 너무 안쓰러워요. 선생님, 저도 오늘부터 스스로에게 매일 수고했다고 말해줄래요."

다음 날 수학 시험을 치른 석후로부터 문자메시지가 왔다.

'선생님, 이번 시험에서는 실수 없이 모든 문제를 다 풀어냈어요. 시험지를 받고 나서 스스로 이렇게 말했어요. '내가 다 알아. 나는 정말로 많이 노력해왔어. 최선을 다했다고!' 그러고 나니 마음이 한결 편안해졌어요.'

무한비교 사회에서 높은 성취를 보여주는 아이들의 삶도 결코 만만치 않다. 오늘도 많은 아이들이 스스로를 향한 한없는 채찍질로 멍들어가고 있다. 어른들이 만든 성취지향 사회에서 저마다의 길을 찾아 고독한 여정을 걷고 있는 아이들에게 '수고한다'는 격려를 아끼지 않기 바란다. 스스로를 향하는 긍정적 습관이 형성될 때까지 말이다.

가장 좋은 말은 충분히 들어주는 것

유난히 성취욕이 높은 아이들이 많았던 그해 우리 학급에서, 윤지와 정선이는 교실에서 조금 겉돌았다. 고등학교 입학 초기인 데다 성적관리에 열성인 몇 명의 아이들이 형성한 긴장감 있는 면학 분위기가 교실에 가득했다.

누군가에게 장난을 걸어도 잘 받아주지 않는 학급 분위기와 딱딱한 수업시간은 두 아이에게 있어 그저 길고 지루한 인내의 시간일 뿐이었다. 쉬는 시간만 되면 꿈틀꿈틀 참았던 욕구가 해방을 맞은 듯 소란을 떨거나 다른 아이들이 성가셔 할 만한 장난을 걸곤 해서 심심치 않게 제보가 들어왔다. 게다가 학교의 규정대로 등교 후 바로 핸드폰을 제출해야 했지만 종종 내지 않고 몰래 사용하다가 교사들의 지적을 받기도 했다. 사흘이 멀다 하고 지각하는 등 두 아이는 기회가 될 때마다 학교의 규정을 슬쩍 어기며 똘똘 뭉쳐 서로의 보호막이 되어주곤 했다.

어느 날 오전, 낯익은 학부형 한 분이 교무실로 찾아와 복도 끝을 가리키며 말했다.

"선생님, 저기 저 애들, 선생님 반 학생들 맞나요?"

윤지와 정선이가 잔뜩 화가 치민 듯 허공을 쏘아보며 고개를 돌린 채 서 있었다.

"사정이 있어 외출을 했다는데 아무래도 담임 선생님 지도가 필요할 것 같아서요."

학부모회 대표 업무로 자주 학교를 방문하시는 그분이 보기에 짙은 화장과 짧은 치마로 한껏 치장한 두 아이의 모습은 꽤나 문제가 있어 보였던 모양이다.

그때 수업 시작을 알리는 종이 울려 일단 아이들을 수업에 들여보냈다가 다음 쉬는 시간에 다시 만났다.

"아까는 급한 사정이 있었니?"

아이들은 입을 꾹 다문 채 눈길도 주지 않았다.

"나한테 말해주기 싫은가 봐?"

"딴것도 아니고 군것질하러 나간 건데, 샘이 이해를 해주겠어요?"

정선이가 퉁명스럽게 말했다.

"아, 그렇구나. 간식 사 먹으러 외출을 한 건 이해받기 어려울 것 같았구나."

나는 아이들의 마음을 다시 읽어주었다.

"그런데 너희들은 간식 사 먹기 위해 외출하는 게 나쁘다고 생각되니?"

내가 묻자 이번엔 윤지가 발끈했다.

"간식 사 먹는 게 왜 나빠요? 배가 고프면 집중도 안 되잖아요. 샘이 아침에 지각하지 말라 하셔서 아침도 못 먹고 온다고요."

"그랬구나. 지각하지 않으려 많이 애썼구나. 그렇다면 나한테 찾아와 외출증을 받을 수 있지 않나?"

"그런 얘기해봤자 엄마한테 전화나 하시겠죠. 그럼 엄마는 화장하다 늦어서 밥 못 먹은 거라며 화장까지 못 하게 참견할 거고요. 이럴 땐 그냥 입 딱 닫고 벌칙이나 받는 게 훨씬 속 편해요."

윤지는 중학생 때부터 이미 여러 차례 경험한 모양이었다.

"아, 그동안 그런 일을 꽤 겪었나보네. 말하기 싫을 만도 하겠어."

내가 이렇게 말하자 두 아이가 멈칫 서로의 눈을 보더니 내 눈치를 다시 살폈다.

"그런데 나로서는 처음 겪은 일인데도 불구하고, 대화도 해

보기 전에 너희들에게 불신당한 거 같아 서운한 마음이 든다."

솔직한 나의 마음을 전했더니 적극적으로 따졌던 윤지가 미안했는지 조금 누그러진 표정으로 말했다.

"선생님이 꼭 그리 하실 거라는 게 아니에요. 학교 규정도 있고 준비물이나 과제물을 놓고 온 것도 아닌데 어느 선생님이 허락을 해주겠어요?"

그 말을 듣고 보니, 평소 다른 일에 잔꾀를 잘 쓰는 윤지가 아이들이 흔히 쓰는 다른 핑계를 대지 않은 게 의아했다.

"그럼 준비물을 산다고 말하고 외출증을 받을 수도 있었을 텐데, 왜 그러지 않았어?"

그러자 윤지는 "그건 거짓말이잖아요"라고 답했다.

"아, 그렇구나. 몰래 나갈지언정 선생님을 속이는 건 싫었구나?"라고 다시 물었더니 두 아이가 동시에 "네"라고 답했다.

아이들의 표정은 한결 부드러워졌고 나 또한 아이들의 마음이 곱게 느껴졌다.

"너희들과 이야기 나누다 보니 외출을 규제하는 학교 규정이랑, 외출증 발급에 관한 판단 기준을 더 고민해봐야겠네."

아이들은 경계를 완전히 풀고 신이 나서 여러 규정에 대한 건의 사항을 말했다. 아이들의 말대로 안전지도를 이유로 과한 통제가 있는 것도 사실이었다. 나는 혼자 결정할 수 있는 것은 아니지만 기회가 될 때마다 학교 측에 의견을 전하겠다고 말해주었다. 그리고 규정이 바뀌기 전까지는 급한 일로 외출이 필요할 때 먼저 내게 의논해달라고 당부했다. 그러자 아이들은 흔쾌히 약속했다. 아이들은 그날 학년부에서 정한 벌칙인 캠페인 활동도 성실히 수행하고 밝은 모습으로 하교했다.

며칠 뒤 조회를 마치자 윤지가 괴로운 표정으로 다가왔다.

"선생님, 늦잠 자서 아침을 못 먹고 왔더니 배가 너무 고파요. 따뜻한 컵라면 하나 사 먹고 올게요."

"그래, 쉬는 시간이 짧아 수업에 늦을까 봐 좀 걱정은 되지만 넌 특별히 믿음직하니 내가 도와줄게."

나는 곧바로 외출증을 써주었다. 그런데 쉬는 시간에 교실에 가보니 아이는 나가지 않고 친구들과 놀고 있었다. 슬며시 다가가서 물어보았다.

"외출 안 했니?"

"혹시라도 수업에 늦으면 샘이 난처하실 것 같아서요. 조금 더 기다리면 점심시간이니 참아보려고요."

윤지는 눈을 가늘게 뜨며 찡긋 웃음을 지어 보였다. 그 순간 아이와 나 사이에 끈끈한 연대가 형성된 걸 느꼈다. 1년 동안 윤지는 그 누구보다 다정하고 친밀한 나의 지원군이 돼주었다.

창의적이고 신체 에너지가 넘치지만 책상에 각 잡고 앉아 있는 것만은 어려웠던 윤지. 그 아이는 그동안 얼마나 많은 어른의 충조평판(충고·조언·평가·판단)에 시달려 왔을까. 꼼수가 아니고는 도저히 자기 욕구를 충족할 수 없었으니 늘 일탈을 노리는 반사회적인 아이로만 비쳤을 것이다. 그러나 속마음을 통해 만난 진짜 윤지는 합리적이고 이성적이며 의리도 있는 매력적인 소녀였다.

윤지에게 정작 필요했던 것은 육체적 허기를 달래줄 컵라면이 아니라 '넌 특별히 믿음직해'라고 말해주는 마음의 보양식이 아니었을까. 어른들 마음대로 정해놓은 획일적인 틀에 얽매여 이리저리 치이고 다친 상처가 깊은 아이의 말일수록 더 많이 들어야 한다. 그 과정에서 그의 특별함을 발견하고 인정한다면 기성세대의 시야가 확장될 뿐만 아니라 에너지 넘치는 젊은 동반자를 얻게 될 것이다.

제대로 공감을 받은 아이는 놀랍도록 품위 있고 건강해진다. 그런데도 여전히 문제가 계속된다면 그것은 아이의 마음을 충분히 들으려 하지 않은 경직된 어른들과, 이 세상이 가진 폭력적인 틀이 견고한 탓일 것이다.

'믿는다'는 말의 에너지

십수 년 만에 중학교에서 고등학교로 옮겨갔던 그해, 나는 교사라는 정체성마저 뿌리째 흔드는 혼란스러운 학교의 정체성 때문에 깊이 고민했었다. 강력해진 대입 경쟁 체제로 인해 학교라는 곳이 입시라는 미끼로 아이들의 학업과 생활을 칼같이 통제하는 입시관리 기관이 되고 만 것이다.

그에 따라 교사는 상대평가 체제에서 정확하게 줄 세우기 위해 데이터를 관리하는 행정직 공무원이 되었다. 마치 교육활동보다는 평가관리에 더 초점을 맞춘 듯한 체제였다. 학습주제, 내용, 방법, 평가방식을 고민할 때도 '어떤 배움이 일어날까?'보다는 '어떻게 평가해야 한 치의 오차 없이 변별할까?'가 바탕을 이루었다. 그에 대한 교사들의 책무는 너무나 무겁고 위협적이었다.

그러다 보니 누군가 결석이 잦아지면 아이의 사정이나 마음 상태가 궁금하기보다, 각종 서류를 통한 결석 사유의 명확한 증거자료 확보가 더 중요한 듯 보였다. 자칫 잘못된 자료로 대입에 유불리 문제가 생기면 감당할 수 없는 곤욕을 치르기 때문이다. 학습활동도 수적으로 명확한 데이터를 내야 하니 창의적이고 자율적인 활동이 위축될 수밖에 없다.

아이들의 특기 신장을 위해 이루어지는 각종 대회도 '변별'이라는 명목 하에 수치화된 평가 기준에 익숙한 소수의 스펙 관리 유능자들만의 리그가 되어버렸다. 자신에게 '20년 이상 오로지 교육자로서의 자긍심으로 살아온 나는 지금 도대체 어디에 서 있는 건가?' 하는 물음을 던지며 자주 괴로워했다.

같은 해 3월, 교실 맨 뒷자리에서 날카로운 눈초리를 한 남자아이가 유독 눈에 띄었다. 복학생 형진이었다. 다정하게 인사를 건네기도 하고 웃겨보려 노력도 했지만 한결같이 어둡고 싸늘한 표정이었다. 다른 아이들도 슬금슬금 그 아이의 눈치를 보는 듯했다. 아니나 다를까, 수업 첫날부터 우리 반 수업에 들어갔던 교과 선생님들의 제보가 이어졌다. "맨 뒤에 앉은 애, 다른 애들이 무서워해요" "첫 시간부터 엎드려 자더라고요" "말 걸면 눈빛이 매서워 기분 나빠요" 등.

사전에 우리 반에 복학생이 있다는 말을 듣고 생활지도에 어려움이 있을지도 모른다는 예상은 했었지만 첫날부터 그렇게까지 강렬한 인상을 주리라고는 생각지 못했기에 나는 적잖이 당황했다. 이야기를 나눠보고 싶어 몇 차례 시도했지만 시크하고 무성의한 단답을 툭 던지고는 자리를 피하곤 했다.

며칠이 지나 '학기초 개별 상담'이라는 공식적인 타이틀을 앞세워 드디어 형진이와 대면할 기회를 갖게 되었다. 귀찮은 표정은 여전했지만 그래도 차분히 앉아 대화에 응했다.

아이의 마음은 상처투성이였다. 사춘기에 시작된 부모의 갈등과 별거로 양쪽을 오가는 과정에서, 이전에 입학했던 고등학교 생활에 적응하지 못하고 자퇴했던 것이다. 열여덟 살의 병약한 형진이는 이미 꽤 오랫동안 자신을 돌봐줄 어른 없이 혼자 커왔음을 알 수 있었다. 아이의 굴곡진 서사를 다 듣고 난 후 나는 온 마음을 실어 말했다.

"넌 참 대단한 아이야. 그렇게 힘든 일들을 견뎌내고 다시 복학할 용기를 냈으니 말이야. 너 스스로를 매일 충분히 칭찬해줘. 나는 늘 너를 응원하면서 다시 학교생활에 잘 적응할 수 있도록 최선을 다해 도울 거야. 다만 어려운 일이 있을 때는 감추지 말고 솔직히 말해줘. 내가 언제나 너를 전적으로 믿고 지지할게."

형진이는 드디어 매서운 눈초리를 거두고 맑은 미소를 보여줬다. 그 후로 힘든 일이 있을 때마다 나를 찾아와 의논했고, 나는 아이와의 약속을 지키면서 넘어야 할 산들을 함께 걸었다.

몸이 아프다는 이유로 지각, 결석, 조퇴가 잦은 형진이의 결석신고서는 족히 한 권이 넘었다. 어느 날 이웃 반 담임 교사가 말했다.

"형진이 근태가 너무 나쁜 거 아니에요? 담임 교사가 정확한 질병 사유를 확인하려 들면 학교를 못 다닐 아이예요. 다른 반이라면 못 다녔을 텐데 선생님 반이라서 이렇게 다니고 있으니 형평성에 문제가 있는 것 같아요."

실제로 학기초에 여러 교과 담당 교사들이 형진이를 두고 한 달도 못 지내고 자퇴할 게 분명하다며 예언하곤 했다.

"선생님 말씀이 맞아요. 저는 그동안 아이가 아프다면 그대로 믿고 보내주곤 했어요. 아이는 그때마다 증빙서류를 잘 챙겨서 제출했거든요. 늦는 날은 어김없이 문자나 전화를 해왔고요. 학업에 적응하지 못하고 있는 것은 사실이지만 생활면에서 자기 앞가림을 해내기 위해 많은 노력을 하고 있어요."

나는 담임만이 알 수 있는 아이의 세세한 변화를 말해주며 이해를 구했다.

"여기는 학교예요. 공부를 전혀 하지 않는 데다 가정에서조차 제대로 돌보지 않는 아이를 왜 선생님이 끌어안고 뒤치다꺼리하느라 고생인지 모르겠어요."

그 교사는 여전히 이해하기 힘든 표정이었다.

"선생님 말씀대로 여기는 아이들에게 공부를 가르치는 학교가 맞아요. 그에 더해 사회적 양육기관이라고도 생각해요. 부모가 자식을 돌보는 것이 당연하나 때로는 부모 자신조차 돌보기 어려운 위기에 빠지기도 해요. 공교육은 개인이 혼자 감당할 수 없는 부분을 사회가 함께 책임지는 일이라고 생각해요. 학교의 역할은, 가정환경이 좋아 학교 없이도 가정교육이나 사교육으로 커갈 수 있는 아이들보다 그렇지 못한 아이들에게 더 중요한 곳이 아닐까요. 가정적인 위기의 순간에도 아이들의 안전지대가 되어줄 수 있는 곳은 오로지 공교육기관뿐이에요."

그러자 그녀도 미간에 힘을 주며 말했다.

"선생님 뜻은 좋지만 다른 교사들의 입장은 다를 수 있어요. 이런 식으로 보듬어서 2학년에 올라가면 결국 새 학급에 적응하지 못할 거예요."

형진이를 생각해주는 마음이 느껴져 나는 반기며 말했다.

"아, 그런 점을 걱정하셨군요. 그렇다면 더는 걱정하지 않으셔도 돼요. 사실 저는 최근 몇 년간 주로 저학년을 담당했는데 매번 한 명 이상 부적응 학생이 있었어요. 그때마다 형진이처럼 지도했지만 모두 새 학년에 진급한 후에 다른 담임 교사의 지도에 잘 적응했어요."

그러고는 설명을 덧붙였다. 부적응하는 아이의 버릇을 잘못 들인 것이 아니라 내 품에 있는 동안 편안히 안식하며 스스로 살아갈 힘을 기를 수 있도록 도와주었다고, 골절이 되면 다시 붙어서 힘이 생길 때까지 깁스를 해서 보호해주듯이, 나는 힘든 상황에 처한 아이가 스스로 서는 힘을 기를 때까지 지지대가 되어줄 뿐이라고 말이다.

설사 적응하지 못하고 다시 자퇴하게 될지라도, 이제 겨우 열여덟 살에 세상으로 뛰쳐나가는 것보다는 한 해라도 더 학교라는 울타리에 머무는 것이 맞다고 생각했다. 그것이 아이 자신과 사회를 위해서라도 안전한 일이라고 믿기 때문이다.

두 학기를 무사히 보내고 맞은 12월 31일. 마치 카운트다운을 하면서 번호를 누른 듯 밤 12시 정각에 형진이가 전화를 걸어왔다.

"선생님, 시간이 너무 늦었죠? 왠지 오늘은 전화 드려도 될 것 같았어요."

"그래, 오늘 같은 날은 대체로 깨어 있으니까 말이지?"

"네. 지금 이 순간에 꼭 드리고 싶은 말씀이 있어요. 선생님, 정말 감사해요. 선생님 덕에 올 한 해 무사히 잘 지냈어요. 제가 봐도 저 정말 많이 자랐어요."

이 말을 듣고 나는 그만 울컥했다.

"그게 왜 내 덕이야. 그만큼 네 의지가 강한 거지."

"아니에요. 선생님 아니었으면 중도에 포기했을 거예요. 정말 감사합니다."

"형진아, 샘도 1년 동안 고단한 일이 꽤 있었는데 네 덕에 힘낼 수 있었어. 잘 커줘서 고마워."

"선생님, 저 내년부터는 더 잘 할 거예요. 이제 정말 잘 할 수 있을 것 같아요."

아이의 목소리에서 강단과 확신이 느껴졌다. 그리고 잠시 후 나지막한 목소리로 다정하게 말했다.

"선생님… 사랑해요."

순간 쏟아지는 눈물에 일렁이는 음성을 감추지 못하고 말했다.

"그래, 나도 사랑해."

아이에 대한 고마움도 물론이지만, 내가 가진 교육적 신념을 지켜내기 위해 때로는 위태롭게 건너온 순간들이 주마등처럼 스쳐가 순간 눈물을 참지 못했다.

이듬해 종종 복도에서 만난 형진이는 한층 건강하고 활기찼다. 진급한 학년의 담임 교사로부터 출석률이 높고 의리 있는 멋진 아이라는 칭찬도 전해 들었다. 졸업하는 날은 감격에 젖어

꽃다발같이 환한 음성으로 감사 인사와 더불어 자신이 희망하는 진로에 맞춰 원하는 대학에 진학하게 되었다는 기쁜 소식도 전해주었다.

아이들은 믿고 기다려주는 어른이 있을 때 더 잘 해내고 싶어 힘을 내기 마련이다. 매번 다시 일어선 아이들이 어김없이 선사하는 마음의 선물로 인해 지금까지 유유히 나의 길을 걸을 수 있었다. 눈에 보이는 성과를 더 높이 쳐주는 현장에서도 결코 위축되지 않고, 공교육에 대한 각별한 애정과 신념을 철통같이 지켜오면서 말이다.

한 아이를 살리는 교사의 한 마디

갈수록 학교가 교육경쟁의 장이 되면서 교사는 경쟁시스템 작동을 위한 부속품으로, 학생은 차별 구조에 맞춰 정렬되어야 할 선별 대상으로 여겨지고 있다. 이러한 현실 속에서 '나는 왜 교사로 살아가는가' 하는 확인이 수도 없이 필요하다. '교육이란 무엇인가' '학교란 무엇인가' '교사란 무엇인가' '양육자와 아이의 관계는 무엇인가'를 돌아보게 하는 나의 어린 시절 이야기를 하려 한다.

초등학교 2학년이 끝나는 마지막 종업식 날이었다. 담임 선생님께서는 모든 아이들을 하교시킨 후 나에게 잠시 남으라고 하셨다.

"김선희. 김선희!"

"……."

선생님은 고개 숙인 내 얼굴을 들여다보며 연이어 이름을 불렀다. 그러나 나는 대답하지 못했다.

나는 극빈 가정의 5남매 중 둘째 딸로 자랐고, 잔뜩 주눅이 들어 누구와도 이야기를 나누지 못한 채 함구증을 가진 아이 같은 학교생활을 하고 있었다. 대답 없는 나를 물끄러미 바라보던 선생님은 말했다.

"김선희, '네'라고 한 번만 말해봐. 선생님이 1년 동안 가르쳤는데, 네 목소리 한번은 들어봐야 하지 않겠니. 목소리 좀 내봐. 응?"

선생님의 간절한 눈빛에 떠밀려 가까스로 "네" 하고 작은 목소리로 답했다. 순간 교실 속에서 실제로 존재하는 나 자신을 인식할 수 있었다. '아, 내가 선생님과 함께 여기에 있구나'라는 사실이 선명하게 인식된 것이다. 교실이라는 커다란 세상에 비로소 나라는 존재가 하나의 점으로 그려 넣어진 최초의 확인이었다.

"말할 줄 아네. 3학년 되거든 선생님과 친구들이 부를 때 크게 대답하고 발표도 해봐. 네가 할 수 있다는 거 다 알고 있어."

"네."

"그래, 앞으로 잘 지내."

선생님은 교실 앞문을 열고 나를 배웅했다. 2부제에 한 학급당 70명이 넘는 당시의 열악한 환경에서, 특별히 한 아이를 유심히 바라보는 각별한 기회를 만드는 것은 쉽지 않은 일이다. 그에 보답하듯 3학년에 진급한 나는 차차 내 목소리를 사용하며 느리게나마 다른 친구와 연결될 수 있었다.

잘나고 힘 있는 아이들에게 가려진, 위축되고 남루한 존재였던 나를 선생님은 소중하게 여겨주셨다. 그 소중함을 인식한 선생님의 고귀한 마음은 지금껏 내 기억 속에 뚜렷이 남아 있다. 그 기억을 간직하고 있는 지금의 나는, 교실 한편에 있는 듯 없는 듯 소리 없이 지내는 소외된 아이들에게 등불을 비춰주는 교사가 되고 싶다.

정신건강의학 전문의 정혜신은 '커다란 슬픔에 빠진 한 이웃의 SNS 글에 압도되어 아무런 반응을 할 수 없었다'는 누군가의 고백에 '댓글을 달기 힘들거든 점 하나라도 찍으라'고 권했다. 그로써 상대는 결코 혼자가 아님을 인식할 수 있으며, 다른 누군가와 연결되어 있음을 확인하는 것만으로도 극한 고통으로 인한 고립감으로부터 구원받을 수 있다는 것이다.

누군가의 마음에 잠시 눈길을 주는 행동은 나조차도 절뚝거리는 삶 속에서 내 앞에 놓인 한 존재가 다른 한 세상과 연결되어 있다는 것을 인식하게 한다. 그것이 바로 각자도생의 척박한 사회에서 불안하고 힘없는 존재들이 세상과 융화하기 위해 서로에게 건넬 수 있는 가장 안전한 사랑의 실천이라고 믿는다.

나는 더 나은 미래를 위해 공교육의 기회 균등 이념이 얼마나 중요한지를 잘 알고 있는 산증인이다. 알코올중독에서 헤어나지 못하는 빈민가의 어른, 욕설하며 악다구니 쓰는 어른, 무기력에 빠진 어른, 맞고 때리는 아귀다툼 같은 일상을 살아가는 어른들 속에서 살다가, 전혀 다른 모습으로 살던 또 다른 어른을 지속적으로 만날 수 있는 곳은 오로지 학교뿐이었다. 교사의 단정하고 깔끔한 모습을 통해 막연하기만 했던 괜찮은 어른상을 구체적으로 바라며 꿈을 키운 것이다.

학대와 방임이라는 지옥 같은 환경에 처하던 나조차 배움을 놓지 않고 더 나은 삶을 추구하여 지금에 이를 수 있었던 것은 학교라는 안전한 울타리 덕분이었다. 그곳에서 건강한 한 어른과 연결되어 있었기에 가능했던 일이다.

과거와 달리 오늘날은 절대적 빈곤을 겪는 학생들이 대폭 감소했다. 그러나 상대적 박탈감이나 마음의 허기로 힘든 삶을 이어가는 아이들은 오히려 더 많다. 꽤 많은 아이들이 과열 경쟁 교육으로 인한 과로와 마음의 상처로 시들시들 지쳐가고 있다. 그럼에도 여전히 아이들은 교사를 우러르고 따른다. 교사가 품은 마음과 생각은 아이들을 통해 그대로 우리의 미래 환경이 된다.

그런 의미에서 교사라는 존재는 한 사회를 새롭게 디자인할 수 있는 매우 영향력 있는 존재다. 자율성을 보장받는 교사의 높은 자존감은 아이들의 건강한 시민의식으로 승계된다.

함께 어우러져 살아가는 세상의 가치가 더 희미해지기 전에 교사 본연의 정체성을 회복해야 한다. 이는 머지않아 시대적 약자가 될 우리 세대의 안정된 미래를 가꾸는 일이기도 하다.

지금도 SOS를 보내는 아이들

새 학교에 발령한 지 얼마 안 됐을 때다. 나는 1학년 교무실에서 종종 해수를 만나게 되어 금세 낯을 익혔다. 해수는 중3이었지만 작년에 가르쳐준 인자한 한 교과 담당 교사를 자주 찾았다. 그 모습을 지켜본 한 교사는 "쟤는 여전히 친구들과 못 어울리고 교무실만 맴도네"라고 말했다.

한번은 해수가 찾는 교사가 자리에 없자 대신 나와 이야기를 나누었는데, 그 모습을 본 교사는 "쟤가 또 마음 좋은 선생님을 알아봤네요. 저 아이 말 너무 깊이 들어주지 마세요. 한번 들어주기 시작하면 계속 찾아오고 끝도 없이 징징대서 무척 피곤하실 거예요"라고 귀띔을 했다.

그러던 어느 날 점심시간, 질서 지도를 위해 교문 앞을 지키는데 외출을 하고 돌아오는 길인지 해수가 어두운 표정으로 다가왔다.

"선생님, 저 요즘 너무 힘들어요. 저도 모르게 자꾸만 자해를 해요."

"저런. 언제부터?"

"사실 저는 어렸을 때부터 친한 친구도 없이 늘 외롭고 힘들었어요. 중학교 1학년 때 반 친구들에게 왕따까지 당해서 죽고 싶은 마음에 옥상으로 올라갔는데 차마 뛰어내릴 수가 없었어요. 그때 용기 없는 제가 싫어져서 자해를 하게 된 것 같아요."

"그랬구나. 네 마음이 이 정도로 힘들어진 건 언제부터야?"

"초등학교 1학년 때 할아버지가 돌아가셨어요. 부모님한테 너무 슬퍼서 힘들다고 말하면 '언제까지 슬퍼만 할 거냐. 네가 잊고 공부 열심히 해야 할아버지도 하늘나라에서 좋아하신다' 하고 얘기하시더군요. 막내 고모는 '아버지를 잃은 나도 이렇게 잘 이겨내는데 넌 부모님 다 계시면서 왜 그리 엄살이냐'고도 말했어요."

"음… 그때 네 마음은 어땠어?"

"어른들 말에 일리가 있다고 생각해서 슬픔을 누르려고 노력했지만 잘 되지 않았어요. 그럴수록 이겨내지 못하는 제가 더 못나게 느껴졌어요."

아이의 커다란 눈망울에 눈물이 가득 고였다.

"어린 시절의 할아버지는 해수에게 어떤 분이셨어?"

"친척 언니, 오빠들은 초등학교 가기도 전에 한글을 다 떼고 구구단도 줄줄 외웠어요. 부모님은 그러지 못한 저를 부끄러워했어요. 친척들도 저만 보면 공부 열심히 하라는 말만 했어요. 그런데 할아버지는 제가 공부를 잘 하지 못해도 진심으로 사랑해주셨어요."

"그렇구나. 할아버지는 해수에게 아주 특별한 존재셨구나."

"네, 맞아요."

"그런데 돌아가신 할아버지에 대한 슬픔을 아무도 몰라주니 무척 외로웠겠다."

"네, 위로를 받고 싶은데 '제발 그만 좀 하라'는 말만 들었어요. 그래도 얼마 전 SNS에서 저를 이해해주는 좋은 어른을 찾았어요. 그래서 실제로도 만나보고 싶은데, 좀 두려워요."

"어떤 점이 두려워?"

"제가 보잘것없는 아이라는 걸 알게 될까 봐요. 그 오빠도 고등학교 때까지 자해를 했지만 스스로 극복했대요."

"그래, 너도 그 오빠처럼 자해를 멈추고 싶지?"

"네, 수없이 결심했지만 저도 모르게 다시 하게 되니 너무 한심하게 느껴져요."

"자해를 어디에 한 거야? 내게 보여줄 수 있을까?"

아이는 여러 줄의 면도칼 자국이 난 손목을 보여주었다.

"해수야, 네가 할아버지를 잊지 못하는 것은 당연한 거야. 더 오래 슬퍼해도 되고 평생 그리워해도 돼. 언제까지 슬퍼할지는 아무도 정해줄 수 없는 거야. 슬픈 마음이 들면 언제든 나를 찾아와."

이튿날 아이의 사연과 그대로 닮은 그림책《마음이 아플까 봐》(올리버 제퍼스)를 빌려주며 읽어보기를 권했다. 며칠 뒤 약속대로 책을 읽고 가져온 아이에게 물었다.

"읽고 나니 마음이 어때?"

아이는 큰 눈을 반짝이며 말했다.

"이야기 속 소녀와 제 상황이 비슷해서 정말 놀랐어요."

"너도 그렇게 느꼈구나. 그 소녀는 언제 마음이 괜찮아진 것 같아?"

"어른이 되어서 작은 소녀를 만난 뒤부터 괜찮아진 것 같아요."

"그렇지? 그 소녀가 너라면 소녀가 어른이 되어 만난 작은 소녀는 누구일까?"

"…글쎄요?"

"어쩌면 그 작은 소녀는 네 마음을 궁금해하는 나를 통해 다시 만난 '할아버지를 잃고 슬픔에 빠졌던 어린 시절 너 자신의 마음'일지도 모르겠어."

"아… 그럴 수도 있겠어요."

"그래, 해수야. 이제 넌 혼자가 아니야. 홀로 외롭고 슬펐던 마음을 다 떠올리며 충분히 이야기해보자. 지금 마음은 어때?"

"할아버지를 잊지 못하고 슬퍼한 제가 부끄럽지 않아요. 외롭지도 않고요."

"그렇다면… 다음 주에 만나기로 했다는 그 오빠를 굳이 만날 필요가 있을까? 네가 혼자서 모르는 어른과 만난다는 게 안전하게 느껴지지 않아서 실은 걱정이 돼."

나는 조심스럽게 해수가 만남을 재고하기 바라는 나의 마음을 표현했다.

"저도 왠지 불안했어요. 약속은 취소할게요."

다행히 아이의 표정은 밝고 힘찼다. 그 후로 수시로 드나들던 교무실 출입은 눈에 띄게 줄었다.

이듬해 고등학생이 된 해수가 새로 사귄 친구와 밝은 모습으로 찾아왔다. 자해를 한 게 언제인지 기억도 안 난다며 뽀얀 손목을 내밀어 보였다.

아이가 힘든 마음을 표현할 때 곁에 있는 어른들이 좀 더 깊이 관심을 갖고 궁금해해주어야 한다. 아이 스스로 자기 아픔을 바닥까지 드러낼 수 있도록 한 겹 한 겹 구체적으로 묻고 집중해서 듣기를 바란다. 충분히 정확하게 듣겠다는 마음이 없이 피상적으로만 묻고 성급히 '충조평판(충고, 조언, 평가, 판단)' 하면 아이는 자기 고통의 핵을 찾기 어려워 오래도록 호소할 수밖에 없다. 일부는 자신을 해하고, 일부는 불안 심리를 먹잇감으로 삼는 사회의 어둠 속에 무작정 손을 뻗어 구원을 바라기도 한다.

마음이 힘든 아이가 다급히 SOS를 쳐도 부디 당신 한 사람만큼은 냉정한 훈육으로 답하는 무정한 어른이 아니기를 간절히 바란다. 아이는 그저 단 한 사람이라도 안전한 어른이 애정 어린 시선으로 바라보며 함께 있어 주기만을 원할 뿐이다. 그 어떤 순간에도 혼자가 아님을 확인하고 싶은 것이다.

“네가 옳아”라는 말의 힘

지금은 법적으로도 폭력이 금지되었기에 이런 분위기 속에서 성장한 요즘 아이들은 우리 어른 세대에 비해 인권 감수성이 한층 예민하다. 공공연하게 폭력을 당해온 어른 세대 중 일부는 가정, 학교, 직장에서의 폭력에 익숙해져 있다 보니 아이가 폭력 피해를 호소하면 ‘이러다가 아이가 사회에 적응하지 못하면 어쩌지?’ 하고 염려하곤 한다. 혹은 오히려 ‘어느 정도의 폭력은 받아낼 수 있어야 한다’고 가르치기까지 한다. 심지어 자신이 너무 존중하며 키워서인지 아이가 폭력에 과민한 것 같다는 불필요한 반성을 하기도 한다.

그만큼 부모는 본인이 돌보지 않는 순간에도 아이가 안전하게 잘 살아갈 수 있기를 바란다. 하지만 그러다 보면 자칫 미래에 느낄 아이의 감정까지 미리 당겨서 걱정하는 바람에, 정작 중요한 현재의 아이 감정을 외면할 여지가 있다.

중학교 3학년 희주의 이야기를 통해 내 주변에 폭력사회의 대물림은 없는지 면밀히 돌아보길 권한다.

재량 휴업일을 더한 9일간의 연휴가 끝난 후, 누구보다 즐겁게 학교생활을 하던 희주가 예고 없이 등교하지 않았다. 여러 차례 시도하다 몇 시간 만에 겨우 통화가 되었다.

"희주야, 휴업 기간에 무슨 일이 있었던 거니?"

희주는 마치 내 전화를 기다렸다는 듯 울먹이는 목소리로 말했다.

"선생님, 저 숨이 너무 막혀 집을 나왔어요."

"저런, 무슨 문제라도 있었던 거야?"

아이가 가출했다는 말에 다시 연락이 끊길까봐 걱정이 되었다. 마음을 편안하게 해주려 차분한 목소리로 물어보았다.

"희주야, 일단 학교에 나와서 나와 얘기를 좀 나눠보면 어때?"

희주는 생각보다 빠른 시간 안에 등교하여 나를 찾았다.

"내게 그간의 일을 자세히 말해줄 수 있을까?"

희주는 미리 내용을 준비라도 한 듯 자초지종을 낱낱이 밝혔다.

"연휴 전날 할머니가 저와 오빠를 위해 저녁상을 차려주셨어요. 그런데 오빠가 아무리 불러도 나오지를 않는 거예요. 너무 배가 고파서 먼저 조금 먹고 있었어요. 그랬더니 할머니가 '오빠가 먹기도 전에 음식에 손을 댔다'며 큰소리로 야단을 치는 거예요. 그만 화가 치밀어 '오빠가 먼저 먹을 땐 아무 말도 안 하면서 왜 나한테만 그러냐'고 따졌죠. 그러자 할머니는 남자와 여자가 같냐고 하시는 거예요. 그 말을 듣는 순간 기분이 너무 상해서 수저를 식탁 위에 큰 소리가 나도록 세게 던지고 제 방으로 와버렸어요. 배도 고프고 화도 나서 서러워하고 있는데, 퇴근한 부모님이 할머니 말만 듣고 저더러 다짜고짜 용서를 빌라는 거예요. 그래서 할머니도 잘못이 있다고 말했더니 '할머니는 옛날 분이잖아. 너를 힘들여 길러주시는데 그 정도도 이해 못 해?' 그러면서 더 심하게 나무랐어요."

희주의 설명은 계속되었다.

자신이 더 이상은 참을 수 없다며 강하게 항의하자 희주의 엄마는 희주의 뺨을 힘껏 때렸다. 너무나 억울하고 아파서 희주는 울며 소리를 질렀고, 아빠는 그런 희주의 손목을 잡아 바닥에 주저 앉혔다. 희주는 궁지에 몰린 심정으로 방에 들어가 자기 핸드폰으로 112에 신고 전화를 걸었다. 몇 분 후 경찰이 사건 조사를 직접 해야 한다며 집으로 찾아왔다. 그랬더니 부모님은 "별일 아닙니다. 저희끼리 대화해서 잘 풀겠습니다" 하며 경찰을 돌려보냈고, 희주 또한 대화할 마음이 있었기에 그 말에

동의를 했다.

그런데 경찰이 가자마자 부모님은 돌변하셨다.

"어떻게 부모를 신고할 수가 있냐! 너같이 못된 자식은 상대하기도 싫다."

나머지 가족들 모두 방문을 쾅 닫고 나가버렸다. 그 뒤로 아무도 희주의 방에 들어오지도 않고 말도 걸지 않았다. 며칠 동안은 가족들이 모두 나간 틈에 잠깐씩 방을 나와 혼자서 몰래 밥을 챙겨먹었다.

"누군가 먼저 손을 내밀어주기를 바랐지만 가족들 누구도 저를 찾지 않더라고요. 제가 학교를 빠지면 누군가라도 걱정이 되어 데리러 올 줄 알았는데, 결국 아무도 찾아오지 않았어요."

아이의 이야기를 듣고 보니 외롭고 서러운 시간을 장시간 홀로 견뎠다는 걸 알 수 있었다.

"식구들을 계속해서 기다렸구나. 그럼에도 널 데리러 오지 않으셨네. 그 마음이 어땠을까?"

아이는 고개를 떨군 채 흐느끼며 말했다.

"말할 수 없이 비참해요."

나는 아이의 등을 쓸며 물었다.

"그랬겠다. 그런 일이 자주 있었던 거야?"

"네, 어려서부터 할머니가 오빠와 저를 너무 차별하셔서 자주 대들었거든요. 그때마다 엄마한테 심하게 혼났어요. 이번에는 엄마가 저 때문에 힘들다고 하소연하니 아빠까지 나서게 된 거 같아요."

가정 내에서 희주의 마음을 이해해주는 사람은 아무도 없었다.

"그래, 집안에 네 편이 없었구나."

아이는 더 서럽게 울었다.

"제가 이토록 상처받는데, 부모님이 잘 중재해줘야 하는 거 아닌가요?"

"그래, 그랬으면 좋겠는데, 안타깝네."

잠시 뒤 아이를 교실로 들여보내고 희주 어머니에게 전화를 걸었다. 어머니는 공부보다 인성교육이 더 중요하다고 강조하셨다. 어른이 아무리 잘못했어도 아이가 어른에게 예의 없이 구는 일이란 있을 수 없다, 이번에 제대로 고집을 꺾지 못하면 희주는 영영 우리 사회에 부적응할 거다, 이렇게 단호한 입장을 드러내며 더 이상의 대화를 피했다.

나는 다시 희주에게 물었다.

"네가 집에 다시 들어간다면 부모님은 너를 어떻게 대할 것 같아?"

"또다시 외면하시겠지요."

그러고는 더 이상 말을 잇지 못하고 소리 내어 길게 울었다.

나는 아이의 어깨를 감싸 안아 다독이며 울음이 잦아들기를 기다렸다.

"희주야. 정말 슬프겠지만 한편으로는 네가 참 건강해 보여. 이토록 힘든 상황에서도 부당하다고 느끼는 감정을 쉽게 굽히지 않으니까."

희주는 내 말을 반기듯 부은 눈에 미소를 머금고 말했다.

"주변에 이런 얘기를 하면 대개 '어린 네가 어른들의 비위를 잘 맞춰드려야지'라고 해요. 그때마다 내가 정말 나쁜 아이인가 싶은 마음이 들었어요. 그런데 선생님의 말씀을 듣고 나니 이제는 마음이 좀 편해요."

희주의 밝은 음성을 들으니 내 마음도 조금은 놓였다.

"마음이 좀 편해진다니 다행이야."

"선생님, 사실 저희 엄마 참 불쌍해요. 할머니 성격이 워낙 강해서 늘 눈치를 보며 사셔요."

속상한 마음을 다 털어놓고 공감을 받자 희주는 오히려 엄마에 대한 안쓰러운 생각을 전해주었다.

"네가 보기에 엄마가 많이 힘들어 보이니?"

"네."

어느새 다른 사람의 마음도 살피는 여유까지 표현하니 그 모습이 더욱 예뻤다.

"이런 네가 있어서 엄마는 결코 외롭지 않으시겠다."

희주는 부끄러워하며 말했다.

"하지만 막상 엄마를 대할 때마다 저도 짜증을 부려요."

"음, 미안한 마음도 있구나? 그렇다면 혹시 이번엔 네가 먼저 마음을 열고 집에 들어가보고 싶은 걸까?"

"아니요. 그렇다고 아무도 찾지 않는 집에 불쑥 들어갈 용기가 나지는 않아요."

"그럼 어떻게 하는 게 좋을까?"

"엄마에게 안부 문자를 보낸 뒤 반응을 살펴볼게요."

나는 환한 표정으로 말했다.

"그래, 그것 참 좋은 생각이다."

그날 저녁 아이는 집으로 들어갔다. 며칠 뒤 어머니로부터 아이와의 대화가 한결 편해졌다는 장문의 감사 문자가 왔다. 아이가 먼저 엄마의 마음을 알아주기 시작한 것이다.

아이들은 생각보다 강하고 유연하다. 현재의 감정을 충분히 존중받으면 보다 합리적으로 문제에 대처한다. 때론 웬만한 어른보다 더 보수적인 면도 있다. 세상을 두루 경험해보지 못했기에 어른에 비해 자신을 안전하게 지키고 싶은 욕구가 더 강한 존재인 것이다.

아이가 자기 존엄을 잃지 않는 안전한 삶을 영유하기 바란다며 아이를 향한 그 어떤 폭력도 행사하지 않기 바란다. 다행히 아이들이 살아갈 앞으로의 세상은 정당한 폭력이 존재하지 않는 한결 나은 세상이다. 폭력은 미리 경험한다고 예방할 수 있는 게 아니다. 오히려 익숙해지게 만들 뿐이다. 복잡하고 비열한 사회에서 살아오느라 고단했던 내 한을 아이에게 투사하는 것은 나쁜 사회의 세습에 불과하다.

그래도 불안하다면 자기 존엄에 민감한 내 아이를 잡을 게 아니라 세상이 더 좋아지는 일에 힘쓰길 바란다. 그런 어른을 보고 자란 아이는 세상 어디 내어놔도 절대로 타협하거나 지지 않을 것이다. 만약 아이가 폭력으로 인한 피해를 호소한다면 "상대가 누구든 폭력을 거부하는 너는 진정 옳은 사람이야. 정당한 폭력이란 세상 어디에도 있을 수 없어"라는 말로 곁에 있는 어른이 확신을 주기 바란다.

햇빛만 닿아도 예쁜 아이들.
오랜 세월 구겨진 마음조차
잠시 닿은 따스한 눈길에 활짝 꽃 피워내는 아이들.
우리 사회의 희망은 아이들에게 있음을 확신한다.
오늘도 나는 수도 없이
나 자신과 아이들에게 말한다.
"잘 하지 않아도 상관없어.
나는 그냥 네가 좋아."

②

이해 못 할 것이 하나도 없다

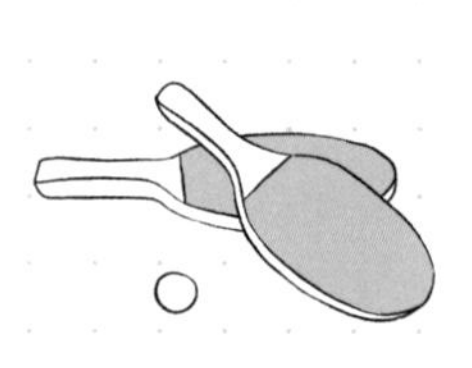

마주한 순간에 집중

오늘날의 교사는 자기 정체성을 명확하게 인식하기 쉽지 않다. 세상은 한 치의 오차도 없는 입시관리기관 및 행정기관의 종사자를 요구하는 듯하면서도 종종 냉철하고 노련한 수사관을 요구한다. 아이들에게 건강한 꿈을 심어주는 명석한 진로지도 전문가임과 동시에, 안전하고 따뜻한 마음의 울타리요 양육자이길 바라기도 한다.

매일 메신저와 공문에 매달려 순간순간 주어지는 일에 매진하다 보면 다각도의 요구에 부응하기 힘들어 스스로의 마음이나 생각은 꺼버리고 힘없이 도구화되기도 한다.

우리 반 영어를 담당하는 교사가 내게 다가와 게임기를 건넸다. 수업 중에 게임기를 몰래 사용한 경준이의 것이었다. 수업이 끝나면 경준이를 불러 지도한 뒤 돌려줄 생각으로 게임기를 일단 내 책상서랍에 넣어두었다.

얼마 후 교무실로 우리 반 민찬이가 찾아와 내게 따지듯 물었다.

"선생님, 경준이 게임기는 왜 벌써 돌려주셨어요?"

나는 황당해하며 말했다.

"그럴 리가… 아니야. 선생님 책상서랍에 넣어놨어."

그러자 민찬이는 더욱 흥분한 표정으로 말했다.

"좀 전에 경준이가 아이들에게 둘러싸인 채 게임하고 있는 걸 보고 왔어요. 우리 반에 저랑 경준이 말고 게임기 가지고 오는 애는 없어요."

민찬이도 며칠 전 수업시간에 게임기를 쓰다가 걸려 학급 내규에 따라 방과 후 지도를 받았었다. 그래서 지금 더더욱 형평성에 대한 문제를 제기한 것이다. 확인을 시켜주려 책상 서랍을 여니 정말로 게임기가 사라지고 없었다.

"어, 여기 놓았는데!"

순간 머릿속이 복잡했다.

"민찬아, 일단 교실에 가 있어. 내가 더 알아봐야겠다."

아이를 돌려보내자 지켜보고 있던 옆자리 동료가 코웃음을 지으며 말했다.

"알아볼 게 뭐 있어요? 딱 보니 경준이가 몰래 꺼내갔네요."

"…그럴 수도 있겠죠. 그래도 일단은 경준이에게 물어봐야겠어요."

교실로 들어서니 사물함에 무언가를 넣은 뒤 문을 닫고 있는 경준이의 모습이 보였다. 아이를 불러 교무실에 마주 앉아 이야기를 시작했다. 좀 전에 이야기한 옆자리 동료도 관심을 두고 듣는 눈치였다.

"경준아, 아까 네가 영어 선생님께 드린 게임기 말이야. 내가 인계받아서 이 서랍에 넣어놨거든. 그런데 수업을 마치고 돌아와 보니 사라지고 없는 거야. 혹시 네 게임기가 어디 있는지 아니?"

경준이는 어이가 없다는 듯 말했다.

"제가 그걸 어떻게 알아요? 게임기에 발이 달린 것도 아니고… 혹시 선생님이 어디 깊숙이 두신 거 아니에요?"

나는 난감해하며 다시 말했다.

"수업 직전이라 급해서 손이 제일 잘 닿는 맨 위 칸에 넣어두었어. 물론 다른 칸도 찾아봤고."

"저는 영어 선생님께 드린 뒤로 못 봤는데요. 당연히 방과 후에 돌려받을 걸로 생각하고 있었어요."

아이의 표정과 말투는 사뭇 당당했다.

"그렇다면 내가 네 게임기를 잃어버린 거네. 정말 미안하다. 새로 구입해줘야겠다."

"에이, 그럴 리가요. 어딘가 있을 거예요. 그리고 그거 산 지 오래됐어요. 유행도 다 지났고요. 없어져도 돼요."

아이는 털털한 웃음을 지으며 손사래를 쳤다.

"너는 괜찮다 해도 부모님이 사주신 거니 내가 잃어버린 책임을 다해야지."

변상을 하겠다고 고집하자 아이는 마음이 급한지 몸을 일으켜 여기저기 시선을 던지며 말했다.

"이런 데도 다시 한번 찾아보세요. 그래도 없으면 제가 부모님께 잘 말씀드릴게요."

"그래, 더 찾아볼 테니까 수업 들어갔다가 점심식사 후에 의논하자."

아이를 교실로 돌려보내자 옆에 있던 동료가 어이없는 표정으로 말했다.

"선생님, 왜 아이 말에 속아주세요? 그러다 애 버릇 나빠지겠어요."

"아이가 습관적으로 거짓말을 하게 될까 봐 걱정되세요?"

그녀는 염려 어린 표정을 지으며 말했다.

"네, 정황을 보니 몰래 가져간 게 확실한데 이렇게 쉽게 속아주시면 앞으로도 기회가 될 때마다 거짓말을 할 것 같아요."

"선생님이 보시기엔 아이 표정에 거짓이 있어 보이던가요?"

그녀는 아이가 떠난 자리를 향해 흘기듯 바라보다 말했다.

"아니요. 그러니 더 괘씸하죠."

나는 미소를 머금고 말했다.

"저는 속아준 게 아니라 아이의 표정과 말에 그대로 반응한 것뿐이에요."

4교시 수업을 마치자마자 다시 경준이가 교무실로 찾아왔다. 얼굴은 제법 붉어졌고 손에는 게임기가 들려 있었다.

"선생님, 정말 죄송해요. 사실은 제가 가져갔어요. 사정하러 왔다가 자리에 안 계시길래 유혹을 못 이기고 그만…."

아이는 턱이 가슴에 닿을 듯 고개를 깊이 묻었다.

"그랬구나. 아까 선생님이 당황했을 때 어떤 마음이 들었어?"

나는 일면 반가운 기색으로 물었다.

"급한 김에 잡아뗐지만 저도 엄청 당황스러웠어요. 점심시간까지만 가지고 놀다가 몰래 다시 가져다 둘 생각이었거든요. 마음이 너무 불편해서 밥이 넘어갈 것 같지가 않더라고요."

"그랬구나. 용기 내는 게 쉽지 않았을 텐데, 이제라도 솔직하게 말해줘서 기쁘다. 식사부터 하고 다시 이야기 나누자."

아이를 급식실로 보내자 줄곧 지켜본 동료가 놀라는 표정으로 말했다.

"와, 선생님 고수네요! 결국 이렇게 되리라는 걸 확신하고 전략을 짜신 거군요?"

나는 싱긋 웃으며 말했다.

"아니요, 제가 무슨 점쟁이인가요?"

"그렇다면 어찌 그토록 느긋하게 믿어줄 수 있어요?"

그녀는 고개를 길게 내밀며 물었다.

"저는 그저 마주했을 때 아이 마음에 집중했을 뿐이에요. 마음은 이럴 때도 있고 저럴 때도 있잖아요. 아이 마음을 있는 그대로 바라보며 따라가다 보면 스스로 제대로 해결하고 싶다는 마음이 들 때가 오리라 믿어요."

이야기 속 동료는 2년간 가장 가까운 거리에서 수도 없이 내게 '충조평판(충고, 조언, 평가, 판단)'을 하곤 했었다.

"쌤반 애들은 뭐가 그리 당당한지, 공부 못하는 애들까지 의견이 너무 많아요" "지금 상담이나 할 때가 아니에요. 서류를 바로 넘겨주지 않으면 담당 교사 업무가 지연되잖아요. 적당히 벌이나 좀 주고 넘어가세요" "제발 회의 때 의견 좀 내지 마세요. 괜히 미움만 살 뿐 관리자는 절대로 바뀌지 않아요. 다른 학교도 다 이래요. 더 나쁜 데도 많아요" 등.

그럼에도 불구하고 나는 그녀가 좋았다. 그녀의 충조평판에는 '나를 지켜주고 싶은 마음'이 가득했기 때문이다. 더군다나 아이들이 그녀를 유독 잘 따르니 덮어놓고 믿음부터 갔다. 아이들은 개떡같이 말하든, 찰떡같이 말하든, 어른의 진정 어린 마음을 알아채는 데 천재들이기 때문이다.

때로는 아이들이나 나를 향한 과한 참견이 가시처럼 따갑게 걸릴 때도 있었다. 그래서 《당신이 옳다》같이 공감대화에 도움이 될 책도 선물해 보았지만 "내용 참 유익하네요. 잘 읽었어요" 하며 피상적으로 받아들일 뿐 태도의 변화가 느껴지지는 않았다. 어른이나 아이나 말로 영향을 주는 데는 한계가 있다는 사실만 확인했을 뿐이다. 이후로는 특별한 말보다는 묵묵히 행동으로 보여주기 시작했다.

마침 그녀는 내게 늘 관심이 많았다. 교무실에서 업무를 보다가도 나와 아이들의 대화를 틈틈이 엿듣는 게 느껴졌다. 가끔은 같은 교과가 아님에도 자기 반 아이들의 수업 태도를 보고 싶다며 내 수업을 참관하기도 했다. 나보다 더 많은 주당 수업 시수로 인해 우리 반 아이들과 자주 만나며 '오랜 권위 체제의 학교생활에서 쌓인 독이 서서히 빠져나가 온화하고 다정해져 가는 아이들의 성장 과정'도 유심히 관찰했다.

머지않아 그녀는 내가 결코 틀리지 않았다는 걸 인정하기 시작했다. 가장 구석진 곳에 자리해 진입이 쉽지 않은 내 자리 주변을 어슬렁거리며 내가 요즘 무슨 책을 읽고 있는지를 살펴보기도 했다.

게다가 학교 측의 비효율적인 업무지시를 개선하고자 동료들의 마음을 결집하는 역할도 맡았다. 학교 내 교사 집단에도 건강한 영향력을 발휘하던 그 동료를 최근에 다시 만났다. 서로가 공감했던 여러 대화 사례를 나누던 가운데 그녀는 이렇게 말했다.

"쌤, 너무 좋잖아요. 제가 교사된 지 벌써 몇 년인데 왜 아무도 내게 이런 얘기를 해주지 않은 거예요? 아이들이 너무 사랑스럽고 함께하는 시간이 정말 행복해요."

그녀의 수도 없는 충조평판 역시 나를 빠르게 성장시켰다. 쉼 없는 반문에 답함으로써 막연했던 나의 신념이 체계적인 교육관으로 정립된 것이다. 충조평판이든 공감이든, 이것들의 바탕이 사랑이라면 다 되는 게 교육판이다. 마음에 중심을 둔 나의 교육활동이 선택과 집중인 줄 알았지만 알고 보니 '본질'과 '연결' 그리고 '건강성의 확산'이었다.

부모 자신부터 돌봐야 하는 이유

학부모 상담을 앞두면 많은 교사가 아이들의 성적 데이터를 뽑아둔다. 그것을 근거로 진학 및 진로 정보를 찾아두기도 한다. 단순히 데이터를 확보해두는 데서 그치지 않고, 전문적인 프로그램을 이용해 분석하고 학습과 진학전략을 제시하는 데 이용한다.

나 역시 준비하긴 하지만 사용할 일이 많지 않다. 나의 학부모 상담은 늘 "어머니, 또는 아버지, 요즘 마음이 어떠세요?"로 시작되고 마지막은 "매일매일 당신의 하루 행복 짓기 잊지 마세요!" 하는 응원으로 마무리한다. 꽤 많은 학부모들이 그 사이의 대화를 자신의 이야기로 풀어간다.

그 해에도 마찬가지였다. 어느 날 학부모 상담 주간으로 함께 초과근무를 하다가 먼저 퇴근했던 동료 교사가 다음 날 아침에 물었다.

"어제 그 학부형과의 상담, 도대체 몇 시에 마쳤어요?"

"밤 9시 조금 넘어 마쳤어요."

동료는 놀란 표정으로 말했다.

"6시에 시작한 상담을 9시가 넘어 마쳤다고요? 무슨 상담을 그렇게 힘들게 하세요?"

"제가 더 깊이 대화하고 싶은 분이라 일부러 일정 없는 날로 약속했거든요."

"특별히 하실 말씀이 많았나요?"

"아니요. 오히려 제가 들을 이야기가 많았어요. 아이를 양육하는 과정에서 힘든 일을 많이 겪으셨을 것 같아서요. 하시는 말씀 끝까지 다 들어보려고 마음먹고, 업무도 뒤로 조정까지 했어요."

중학교 3학년 장원이는 잠시도 가만히 있지 못해 수시로 수업에 방해를 끼치는 아이였다. 쉬는 시간에는 친구들의 몸을 건드리거나 물건을 빼앗아 약 올리는 행동으로 귀찮고 화나게 만들기 일쑤였다. 지난해에 이어 가르치게 된 몇 명의 교과 담당 교사는 진지하게 '정서적 치료가 필요한 아이'라는 의견을 주기도 했다.

나는 아이가 습관처럼 비슷한 문제를 일으킬 때도 마치 처음 겪는 일처럼 아이에게 그 일을 했을 때의 마음이 어떤지를 물었다. 처음에는 대화에 차분히 응하지 않던 아이가 어느 시점부터 그렇게 행동한 이유를 정확하게 이야기하기 시작했다. 장원이는 좋고 싫음이 분명하고 옳고 그름의 이치에 밝은 아이였다. 그래서 대충 듣고 다뤄지는 일에 어김없이 화를 품곤 했다. 학교라는 복잡 미묘한 대집단 속에서 그런 마음을 다 지지받기 어려우니 늘 화가 많고 불안했던 것이다.

그러니 주된 양육자인 어머니도 힘들기는 마찬가지였다. 종종 전적인 이해를 바라며 학교 쪽과 마찰을 빚기도 했고, 한편으로는 조급한 마음에 강압적으로 아이의 행동을 제약해 자식과의 갈등도 많았다. 잦은 문제 행동 지도로 인해 안팎으로 끊임없이 거부당해 활화산처럼 들끓는 장원이의 마음을 알 수 있었다.

상담 시간에 맞춰 긴장한 듯 굳은 표정으로 교무실에 들어오신 어머니를 반갑게 환대하였다. 대화의 시작은 내가 먼저 그동안 장원이와 교사가 어떻게 관계를 맺고 있는지에 대해 설명하는 것이었다. 그 과정에서 발견한 아이의 강점과 눈에 띄게 발전하고 있는 부분에 대해 구체적으로 전했다. 점차 어머니의 표정이 부드러워지더니, 사실은 아이가 못된 구석이 많아 양육이 힘들었다고 했다.

초등 시절에는 담임 교사의 권유로 소아정신과 진단을 통해 몇 년간 주의력결핍 과잉행동장애(ADHD) 치료제를 먹이기도 했단다. 사춘기가 되면서 눈에 띄게 지체되는 신체 발육 상태를 보기 힘들어 약물치료를 중단했는데, 그 뒤로 학교뿐 아니라 가정 내에서의 관계도 많이 어려워졌다는 것이다. 아이로 시작된 이야기는 다른 가족에 대한 불만으로도 번졌다. 들어도 들어도 끝없는 문제 속에서 어머니가 얼마나 힘든 결혼생활과 양육을 해왔는지 알 수 있었다.

어느새 어머니와 나는 두 손을 포개어 맞잡고 함께 눈물을 흘렸다.

"어머니, 그 누구보다 애 많이 쓰셨네요. 정말 대단하셔요."

나는 진심으로 존경의 마음을 표현했다. 한편의 자서전 같은 이야기를 다 풀어내신 어머니의 표정이 어느 순간 소녀처럼 가뿐하게 맑아졌다.

"선생님, 혹시 우리 장원이가 선생님을 힘들게 하는 점은 없나요? 제가 어떻게 도와드리면 좋을까요?"

어머니는 아이보다 오히려 내 편에 더 가까이 서겠다는 듯 비장한 표정으로 물었다.

"장원이는 마음을 표현하는 능력이 좋으니 화를 내거나 거부감을 표현할 때 먼저 마음을 물어봐주시면 좋겠어요. 그런 여유를 갖기 위해서는 먼저 어머니의 몸과 마음이 여유로워야 해요. 이제껏 고생 많이 하셨으니 앞으로는 좋은 거 덜 먹이고 덜 입히더라도 어머니 좋아하시는 일에 시간을 더 내셨으면 해요."

나는 어머니께 책 한 권을 선물로 드렸다. 어머니는 다시 눈시울을 붉히며 책을 어루만졌다.

"아유, 그러고 보니 제가 책 한 권 읽을 여유도 없이 살아왔네요. 제가 이 책만은 꼭 읽어볼게요."

이후 장원이는 몇 달 사이 눈에 띄게 안정된 모습으로 성장했다. 학기 말에는 교사들 사이에서 '말 잘 통하는 영리한 아이'로 불리기까지 했다.

올 3월, 온라인 개학 시스템 준비로 눈코 뜰 새 없이 바쁜 와중에 전화기를 붙들고 상담에 매달리는 나를 보며 주변 담임들의 걱정이 한가득했다.

"선생님, 그렇게 상냥하게 굴다가는 밀려오는 온갖 요구사항을 감당하지 못해요. 우리 학교에서는 어느 정도 사무적인 거리두기도 필요해요."

하지만 그동안 여러 훈련으로 공감의 힘을 알게 된 내가 다시 기능적 대상으로 돌아갈 순 없었다. 걱정은 고맙게 듣고 일단 할 수 있는 데까지 가 보자며 하던 대로 나의 길을 갔다.

코로나19의 새로운 국면에서도 시간에 구애받지 않고 이루어지는 학생 혹은 학부모와의 상담이 계속되었다. 이를 계기로 단단한 신뢰와 연대가 형성된 학부모님들은 나의 휴식을 보호하느라 문자메시지 한 건도 아끼는 마음을 보였다. 알고 보니 학부모 대표 두 분이 단체 채팅으로 크고 작은 정보를 공유해 주면서 담임의 학부모 서비스 업무를 대신 완충해주고 있었던 것이다.

우연히 그 사실을 듣고 나서 이 어려운 시기에도 오로지 아이들만 잘 지도해 달라는 부모님들의 자녀 사랑이 그대로 느껴져 눈물이 핑 돌았다. 세상이 온통 성취 지상주의에 물들어 서로를 자기 욕구 충족을 위해 동원된 기능적 대상으로만 대하는 것 같지만 마음으로 다가가는 사람에게는 마음으로 상대하는 게 불변의 이치다.

아이에게 있어 양육자의 편안한 마음은 젖과 꿀이 흐르는 푸른 초장이다. 마음이 건강한 아이로 기르고 싶다면 양육하는 자신부터 먼저 너그러운 마음으로 다정하게 돌봐야 한다.

거부감 이면에 뭐가 있을까?

장원이는 잠시도 가만히 있지 못한다. 수업시간에 여러 교사의 지적을 받는 일이 잦다 보니 자신만 미움받는다는 억울한 심정을 호소하곤 했다. 종종 교사의 지도에 격하게 반항하여 소란이 일어나기도 했다. 어느 날 붉게 상기된 얼굴로 내 자리를 찾아온 한 교과 교사의 태도는 무척 단호했다.

"선생님, 지금 글쓰기 활동 중 장원이가 의자를 거칠게 다루는 반항적인 행동을 해서 제가 너무 당황했어요. 도저히 이대로 넘어갈 수 없어요. 선도위원회에 회부하겠어요. 다른 아이들도 무척 놀랐으니 수업 마칠 때까지 담임 선생님이 장원이를 데리고 계셔주길 바라요."

그 교사의 뒤편에 고개를 옆으로 돌린 장원이가 보였다. 교사가 다시 교실로 돌아간 뒤로도 흥분이 가시지 않은 장원이는 나와 눈을 마주치지 않고 바닥에 뜨거운 김을 뿜듯 불평을 쏟아냈다.

"장원아, 무척 화가 난 것 같은데 무슨 일이 있었던 거야?"

나는 의자를 내어주며 마주 앉기를 권한 후 차분한 음성으로 물었다. 아이는 의자에 엉덩이를 위태롭게 걸친 채 한 쪽 다리를 심하게 떨었다.

"아까 그 선생님은 자기가 잘못해놓고 오히려 저를 망신 줬어요."

화가 난 아이 눈 주변에 붉은 반점과 흰 반점이 얼룩덜룩 눈에 띄었다.

"저런… 선생님이 네게 어떤 잘못을 하신 거야?"

"지난 번 쌤은 글쓰기나 책 읽기처럼 조용히 각자 활동하는 시간에는 화장실 사용이 급하면 문소리 안 나게 조용히 다녀와도 좋다고 하셨거든요. 오늘 화장실 가려고 일어나서 나가는데 갑자기 큰 소리로 '어디 가냐'고 하더라구요. 그래서 '화장실 간다'고 했더니 '왜 말도 없이 마음대로 교실 밖으로 나가냐'는 거예요. 그래서 '그래도 되는 줄 알았다'고 했더니 '말도 안 된다'며 '어디서 그렇게 배웠냐'고 그러잖아요. 뭔가 굉장히 억울한 마음이 들면서도 딱히 할 말이 떠오르지 않아 다시 제자리로 가서 앉았는데 '너 이리 나와!' 하면서 애들 다 보는 데서 저를 죄인 취급했어요. 화가 나서 안 나가고 그냥 앉아 있었더니 더 크게 불렀어요. 그래서 의자를 거칠게 밀치고 교탁 앞으로 나갔더니 저를 이리로 끌고 왔어요."

나는 안타까운 마음을 눈빛에 가득 담아 아이에게 보였다.

"그런 일이 있었구나. 아까 뭔가 억울한 마음이 들었다고 했는데, 어떤 점이 그랬어?"

"저번 선생님이 지도하신 대로 따른 것뿐인데, 제가 왜 그랬는지 알지도 못하면서 애들 다 보는 데서 비난하셨잖아요."

1, 2학기 간 지도교사가 바뀐 상황에서 이미 익숙해진 이전 교사의 수업 지도 방침을 그대로 따른 모양이었다.

"그래, 억울한 마음이 들었겠다. 그럼 '지난번 선생님의 지도대로 한 것뿐'이라고 말하고 싶었겠네."

"네, 하지만 선생님이 '말도 안 된다' '어디서 그렇게 배웠냐'고 말하는 걸 들으니 지난번 선생님을 욕 먹이는 것 같아 내키지 않았어요. 그렇다고 다른 말을 꾸며내는 것은 더 싫어서 그냥 입을 다물고 있었던 거예요."

그제야 내게도 아이의 마음이 훤히 보였다.

"아, 그런 마음이었구나. 갑자기 교과 선생님이 바뀌는 바람에 지도 방침이 달라지니 혼란스러웠겠네."

"네, 맞아요. 처음 보는 분한테 어떻게 그렇게 자세히 말할 수 있겠어요. 괜히 솔직히 말했다간 다른 선생님과 비교한다고 오해받을 수도 있잖아요."

장원이 나름의 생각이 많았던 모양이다.

"그랬겠다. 이렇게 자세히 말하고 나니 지금 마음은 어때?"

"화가 많이 누그러져요."

어느새 아이의 모습은 한결 안정돼 보였다.

"의자를 세게 밀친 일에 대해서는 어떤 마음이 들어?"

"자존심이 상해서 저도 모르게 그랬던 건데, 아이들까지 놀라는 표정을 보고 나니 부끄럽게 느껴져요."

나는 아이의 솔직한 마음이 반가워 푸근한 미소를 보이며 말했다.

"그랬구나. 혹시라도 다시 이런 일이 생긴다면 어떻게 하게 될 것 같아?"

"쌤께 가까이 다가가서 제가 왜 그랬는지 조용히 말하겠어요."

"와! 참 현명한 방법이다. 넌 역시 대왕 멋져!"

아이는 내 진심 어린 칭찬에 흐뭇한 미소로 답했다.

장원이와의 대화를 교과 교사에게 전달하니 그분도 아이 입장이 충분히 이해가 된다며 대화를 잘 나눠보겠다고 했다. 장원이는 그 이후 다른 시간에도 비슷한 일을 몇 번 더 겪었지만 점차 스스로의 마음을 표현하는 능력이 향상되어 가는 것을 느낄 수 있었다. 어느 순간부터는 거부감을 행동으로 옮기기 전에 상대 교사에게 자기 마음을 명확하게 표현하여 원만하게 해결하곤 했다.

장원이의 행동을 덮어놓고 평가하고 판단했다면, 그리고 일방적으로 다스리려 했다면 경험할 수 없었던 생생한 마음의 역동을 여러 번 느꼈다.

알면 알수록 아이들은 저마다 더 매력적인 존재로 다가온다. 표정이나 행동으로 무언가 거부감을 드러낼 때가 오히려 아이가 지닌 독특한 색채를 자세히 알아볼 수 있는 기회임을 잊지 말고 아이 마음을 끝까지 묻고 들어볼 일이다.

아이들은
교사를 닮아간다

장원이는 여러 관계 속에서 타인의 영역을 지키면서도 자신의 욕구를 적절히 조화하여 절충하는 연습을 통해 점차 밝고 안정적인 모습을 보였다. 그때까지 담임 교사인 나는 장원이에 대해 각별히 너그러운 태도를 유지하고 있었다. 그러던 어느 날 이제 내 마음을 정확하게 장원이에게 말해야 할 때가 온 것 같았다. 그런 계기를 준 일이 있었다.

모둠별 아이디어 회의가 있던 음악 시간, 모둠원들은 모두 열띤 토의 중이었는데 갑자기 장원이가 혼자 일어나 음악실 뒤에 걸린 거울 앞으로 걸어가는 것이었다. 그러고는 태연히 옷맵시를 매만지며 머물렀다. 흘낏 눈총을 주는 모둠장의 태도를 보니 장원이의 행동이 불만스럽지만 굳이 지적하는 건 내키지 않는 듯했다. 나는 장원이 곁에 가까이 다가가 조용히 물었다.

"장원아, 지금 모둠 활동 중인데 여기 나와 있게 된 이유가 있을까?"

아이는 거울에서 눈을 떼지 않은 채 미간을 찡그리며 답했다.

"오늘 옷차림이 영 마음에 안 들어서요. 학교 마치고 애들 만나러 갈 건데, 짜증나서 수업에 집중이 안 돼요."

"아, 그렇구나."

사정을 들은 나는 아이의 상황에 대해 인지했음을 분명하게 표현하고 다시 하고자 하는 말을 이었다.

"그런데 수업 중에 모둠 친구들에게도 그렇고, 지도교사인 나에게도 말하지 않고 자리를 떠나니 내 마음이 좋지 않네. 모둠 친구들의 사기도 떨어질 수 있고. 그만 자리로 돌아갔으면 좋겠어."

장원이는 곁눈질로 잠시 내 표정을 살피더니 말했다.

"모둠장이 의견 하나씩 내라고 해서 제 의견 냈으니 나와 있어도 되는 거 아니에요?"

"아, 그렇게 생각하는구나. 그런데 나는 자기 의견을 내는 것 못지않게 다른 사람의 의견을 경청해서 조율해 나가는 것도 중요하다고 봐. 네 생각은 어때?"

여전히 거울만 응시하는 장원이 곁에서 거울에 비친 그의 눈을 깊이 들여다보며 말했다.

"그런 건 원래 모둠장이 하는 거 아니에요? 전 이 주제에 관심이 없단 말이에요. 수행평가 잘 못 받아도 상관없어요. 하라는 거 했으면 됐지, 관심도 없는 일에 왜 끝까지 참여해야 해요?"

거듭 참여를 유도하는 내 태도가 불만스러운지 점점 표정과 말투가 거칠어졌다.

"음, 이 주제 자체가 마음에 들지 않는구나."

나는 장원이의 불편한 마음을 천천히 짚어 말해준 후 대화를 이어갔다.

"그럼에도 수업 시간에 지켜야 할 질서가 있는 거잖아? 모둠 친구 간 예의도 있고."

그제야 장원이는 나를 향해 몸을 돌려 날카로운 눈초리로 쏘아보며 따졌다.

"모둠 아이들 모두 저한테 아무 불만 없는데 도대체 선생님이 왜 그러세요?"

나는 정면에서 아이의 눈을 정확하게 보며 말했다.

"장원아, 나는 이 수업을 담당한 지도교사잖아. 수업의 질서 유지를 위해 꼭 필요한 요구를 하고 있는데 내 입장은 무시하고 네 생각만 말하니 서운한 마음이 든다. 너, 나 우리 모두 서로에게 존중받고 싶은 존재잖아. 나도 너에게 그런 존재이고 싶어."

시종 귀찮다는 듯 시선을 산만하게 두었던 아이가 잠시 내 눈을 응시한 채 멈칫했다. 그러더니 고개를 숙이며 작은 목소리로 "죄송합니다"라고 말하고는 조용히 자리로 돌아갔다.

그 이후로 이야기 나눌 기회가 있을 때마다 내 눈에 정확하게 시선을 맞추고 있는 장원이의 눈빛을 느꼈다. 이전까지는 긴 대화가 쉽지 않았지만 그날 이후 꽤 긴 대화에도 장원이의 눈빛이 차분하게 고정되어 있었다. 다른 교사들이나 친구들 관계에서도 같은 변화를 느낄 수 있었다.

한편 더 놀라운 것은 다소 번잡했던 우리 반이 어느새 모두에게 참 괜찮은 학급이 되어 있었다는 점이다. 학기초에는 유난히 학업 성취욕이 높아 교과 교사들이 우리 반 수업을 선호했다. 그러나 학기초 개별 상담을 통해 대부분 아이의 성취동기가 경쟁 구도 속 불안에 의한 과잉 승부욕임을 알게 되어 남모르게 걱정이 많았다.

아니나 다를까 채 한 달도 지나지 않아 학폭 사안이 생겼고, 학습 성취력이 높아 맹질주하는 아이들에 의해 열등감에 빠져 자포자기하는 아이들도 생겨났다. 점차 서로를 질책하며 혐오 감정을 키우기도 했다. 장원이처럼 학업에 관심이 없는 몇 명의 아이들은 교실 속 소외감을 견디기 힘든 나머지 친구들을 괴롭히거나 교사들에게 반항하는 행동을 보이기도 했다.

어찌나 사건 사고가 많은지, 아기자기한 학급살이는 엄두도 낼 수 없었다. 그저 문제 수습에 급급해 해당 아이들과 학부모 상담에 많은 시간을 내야만 했다. 종종 '내 에너지가 너무 일부 아이들에게만 쏠리는 건 아닐까' 걱정이 되기도 했다.

그런 가운데서도 나는 몇 가지 원칙을 세워 철저히 지키고자 했다.

1. 아이의 문제 행동에 대해 친구들 앞에서 공개적으로 지도하지 않는다. 되도록 다른 아이들이 없는 공간에서 차분히 이야기를 나눈다.
2. 문제가 생긴 경우 그런 행동을 하게 된 이유가 무엇인지, 그 마음을 먼저 묻는다.
3. 학급살이에 필요한 모든 결정에 아이들의 의견을 묻고 대폭 반영한다.
4. 잠시 휴게실 이용이나 질병 외출을 하는 한이 있더라도 내 신체 컨디션 관리에 소홀히 하지 않는다. 특히 사안이 발생했을 때 더 세심히 살핀다.
5. 일체의 충조평판(충고, 조언, 평가, 판단)을 하지 않는다.

'서로 존중해라, 협력해라, 이타심을 가져라' 등의 훈화를 해 본 기억은 별로 없다. 그저 기회가 있을 때마다 충조평판 없는 대화로 한 명 한 명 눈을 맞추며 그 순간 마음을 다해 담뿍 안

아줄 뿐이었다. 그러자 언젠가부터 갈등 상황에서 아이들도 서로의 마음을 묻기 시작했다.

특히 학업 성취욕이 높아 등수에 민감했던 몇 명의 아이들이 관계의 어려움을 겪는 친구들을 상대로 먼저 대화해 나간 일을 우연히 알게 되었을 때 놀라움을 금치 못했다. 단 한 번도 내 상담의 원칙을 인지적으로 설명하거나 지도한 일이 없음에도 내가 한 그대로 친구들을 상대한 것이다. 1등 사수를 위해 안간힘을 쓰던 에너지를 주변에 대한 관심으로 돌려 학습에 어려움을 겪는 친구들에게 친절하게 도움을 주기도 했다. 여러 부침이 있었음에도 거의 모든 아이들의 학업 성적이 1학기에 비해 향상되는 결과가 나왔다.

게다가 담임 교사가 가장 바쁜 12월에는 학급 임원도 아닌 몇몇 친구들이 교탁 속이나 청소 도구함같이 안 쓰는 물건이 쌓이기 쉬운 곳들을 자발적으로 정리했다. 어떤 때는 금쪽같은 점심시간에 고무장갑을 끼고 창틀이나 벽의 낙서를 제거하기도 했다. 누가 했는지 물으면 눈웃음을 보내며 서로에게 공을 돌리기도 했다.

그야말로 아이들 모두 진정 우리 교실의 주인이었다. 끈끈한 협력과 다정한 공기로 모든 아이가 함께 하는 교실이라는 공간이 마치 젖과 꿀이 흐르는 푸른 초장 같았다.

나는 믿고 있다. 아이들이 장원이를 비롯한 몇몇 학생들의 부적응에 대해 시종일관 존중하는 태도를 견지하는 담임 교사를 보고 영향을 받은 것이라고 말이다. 학업 중심의 학교 분위기에서 가장 무능해 보이는 아이가 존중받고 있음을 일관되게 목격한 것이다. 이 상황은 인간의 존엄 의식에 서열이 없음을 피부로 느끼게 하는 일이다.

그럴 때 모든 아이는 안도한다. '때로 부진하거나 실수하더라도 내 존엄이 누군가로부터 함부로 훼손당하지 않겠구나' 하며 안정감을 느끼는 것이다. 덕분에 성취의 첨탑을 쌓는 대신 주변을 돌아볼 여유를 갖게 되었으리라. 지금도 여러 아이가 안부차 연락을 해올 때마다 나와 함께 했던 1년이 자기 인생에서 가장 많이 성장한 해라는 소회를 밝히곤 한다.

아이들은 자신을 믿고 존중하는 어른의 뒷모습을 보고 자란다. 그러니 우리는 '무엇을 어떻게 잘 하라'고 말로 가르치기보다 그저 믿고 존중하는 태도를 견지하며 가르치고 싶은 바를 스스로 먼저 실천하면 된다. 그런 본이 될 기회를 가장 많이 준 장원이를 나는 두고두고 고마운 마음으로 기억한다.

장원이의 담임 교사였던 한 해, 주위 사람들과 끊임없이 불화하는 장원이와 부모, 친구, 교사들 사이의 교량이 되어주느라 수도 없이 그들의 마음을 묻고 듣고 나눠야 했다. 그것은 한 아이가 자라는 데 필요한 한 마을의 마음길을 닦아가는 여정이었다. 장원이와의 1년은, 매일 일기를 썼다면 책이 한 권 넘게 나왔을 만한 아름다움이 넘치는 순간들이었다. 이듬해 전출로 헤어졌지만 내 마음은 여전히 장원이와 연결되어 끊임없는 영감을 받고 있다.

가장 힘든 아이를 돌보는 일은 모두를 더 살기 좋게 돌보는 일이다. 개별적으로야 친하든 안 친하든 서로가 뿜어내는 마음의 공기 속에서 공존하고 있는 존재들이니까. 한 사회에 속한 모두가 괜찮아지는 지름길은 부적응하는 이의 목소리에 집중하는 데 있음을 확신한다.

학폭위 이전의 수많은 기회들

어른에 비해 새로운 경험이 대부분인 아이들에게 있어 교우간 갈등 상황은 자신의 마음과 생각의 근육을 사용하여 단련시킬 중요한 기회다. 그러나 신속한 일 처리 중심으로 돌아가는 학교폭력 매뉴얼에만 따르다 보면 어른들의 해석이나 감정이 주도권을 쥐게 된다. 심지어 이권 다툼으로 번져 정작 당사자인 아이들에게는 심한 트라우마만 남기는 경우도 허다하다.

학교폭력 발생시 가능한 한 담당 부서로 이관하기 전에 제일 먼저 당사자인 아이들 저마다의 심정을 충분히 들어보는 쪽을 택하곤 한다. 이미 생활지도 담당 부서로 신고된 규태와 영천이의 갈등도 역시 담당 교사의 협조를 구해 공감하는 대화로 접근했다.

공부도 운동도 잘 해서 친구들 사이에 인기 많은 규태가 어느 날 울그락불그락 화난 얼굴로 교무실에 들어섰다.

"선생님, 영천이 그 정신이상자 새끼가 절 때려서 학폭 담당 선생님께 신고했어요!"

영천이는 1학기 중반에 전학을 온 아이로 몸집이 작고 말수가 적었다. 쉬는 시간에는 주로 사촌이 있는 다른 반 교실에서 보내느라 반에서는 친한 친구가 없었다. 규태는 영문도 모르는 채 책으로 머리를 맞았다며 거친 표현을 서슴지 않았다. 예전 학교에서도 감정 조절을 못 해 사고를 치고 전학 왔다는 소문을 들었다는 것이다. 친구들 앞에서 공개 사과하지 않으면 학교폭력대책자치위원회(학폭위)에 강제전학을 요구하겠다며 흥분했다.

교무실 밖에 여러 아이가 몰려와 자기들도 목격했다며 규태의 편이 되어주었다. 우선 아이들을 보내고 영천이를 교무실로 불렀다.

"규태 말에 의하면 네가 자기를 때렸다는데, 그 말이 맞니?"

나는 영천이의 눈을 보며 가만히 물었다.

"규태가 틈만 나면 저를 조롱하고 괴롭혔어요. 아까도 지우개를 잘라 엎드려 있는 제 머리에 날렸어요. 기분 나빠서 노려보니까 실실 웃으며 계속했어요."

영천이 말로는, 규태가 실수한 척하며 필통을 자기한테 날리고 책상을 툭 치고 지나가면서 '쏘리' 하는 등 여러 차례 비웃었다는 것이다.

"얼마 전에도 그러지 말라고 분명하게 말했는데 오늘 또 그런 거예요."

"그랬구나. 기분이 무척 나빴겠다. 그런데도 선생님이나 학생부의 도움을 구하지 않은 이유가 있을까?"

"심한 욕이나 폭력이 아니니 저만 예민한 사람 될 게 뻔하잖아요. 우리 반에는 제 편에서 말해줄 친구도 없고요."

"아, 그런 마음이었구나. 너 참 외롭고 절박했겠다."

순간 영천이의 눈이 붉어지며 소나기 같은 눈물이 후드득 떨어졌다.

"규태는 이유 없이 맞았다고 생각하더라. 이미 생활지도 담당 선생님께 신고를 한 모양이야. 혹시 규태를 만나 대화해볼 생각 있니?"

"규태가 먼저 제게 사과한다면 좋게 풀 생각이 있어요. 하지만 사과를 받기 전에 제가 먼저 사과할 순 없어요."

영천이의 입장을 자세히 듣고 나서 다시 규태를 불러 사실 여부를 확인했다.

"아, 제가 그런 건 맞아요. 전학 온 뒤로 처음 짝이 되어서 어떤 아인지 궁금하기도 하고, 빨리 친해지려고 장난을 좀 걸었죠. 그런데 얼마 전에 정색하며 '그만 좀 하라'고 말하길래 그 뒤로는 안 했어요. 오늘은 다른 친구한테 던진 건데 잘못해서 영천이 머리로 간 거예요."

규태는 진심으로 억울해했다. 나는 두 사람이 만나 이야기를 나눠볼 것을 권했다. 규태는 자신 있게 좋다고 했지만 영천이는 망설였다. 또다시 규태의 비열함에 농락당할까봐 두렵다고 했다. 그래서 선생님이라는 안전지대가 있으니 염려하지 말라고 안심시키고 자리를 만들었다. 두 아이는 상대의 잘못을 낱낱이 지적하며 학폭위를 열어달라고 팽팽히 맞섰다.

학폭위가 열리면 두 사람 모두 각각 책임지게 될 부분이 있을 것이라고 설명해주었더니 아이들은 좀 더 생각할 시간을 달라고 했다. 학폭 담당 교사에게 사정을 전했다. 학폭 매뉴얼에 따르면 바로 사안 접수를 하고 보고해야 한다며 난색을 보였지만 담임인 나를 믿고 기다려보겠다고 했다.

얼마 뒤 영천이가 먼저 교무실로 찾아왔다.

"선생님, 제가 더 큰 벌을 받게 될지라도 학폭으로 다뤄주세요. 규태의 잘못이 10퍼센트에 불과할지라도 반드시 잘못을 묻고 싶어요."

영천이의 목소리는 단호하고 힘찼다. 나는 영천이의 입장을 규태에게 전했다. 규태는 영천이가 왜 그리 자신에게 불리한 결정을 하는지 궁금하다며 한 번 더 대화해보기를 원했다. 규태와 영천이를 한 자리에 모이게 하자 영천이는 그동안 겪은 일을 하나하나 떠올렸고 나는 그때 어떤 마음이 들었는지를 물었다. 영천이가 당시의 마음을 기억해 표현할 때마다 규태는 점점 더 깊이 고개를 숙였다.

"내가 짜증을 내면 다른 애들이 '얘 꽤나 성질 있네'라며 웃는 바람에 더 비참했어요. 제 편은 아무도 없다는 게 느껴졌어요. 그러다 보니 짧은 쉬는 시간이 마치 지옥 같았어요. 그래서 잠시도 우리 교실에 있는 게 싫어 다른 반 교실로 간 거예요."

영천이의 말이 끝나자 규태는 왈칵 울음을 터뜨렸다. 그러고는 자신의 행동이 그렇게까지 영천이를 힘들게 했을 줄은 몰랐다며 절절한 마음으로 사과했다. 규태도 영천이의 경고를 들은 이후로는 장난 칠 생각을 안했고, 그날 던진 지우개 조각은 영천이 건너편 아이에게 던진 게 잘못 날아간 거라며 차분하게 상황을 설명했다. 그제야 영천이도 '자신이 오해했고 때려서 미안하다'며 진심으로 사과했다.

결국 모두 눈물을 흘리며 서로의 마음을 쓰다듬었다. 이후로 영천이는 쉬는 시간에도 다른 교실로 가지 않고 우리 반 아이들과 어울리기 시작했다. 아이의 성향에 따라 다르지만 대체로 폭력 상황에서 학폭 담당에게 바로 보내는 것에 비해 담임 교사가 직접 대화를 시도하는 것은 몇 배 더 많은 시간을 쓰게 된다. 그러나 아이들의 관계가 급성장하는 변화를 보는 보람과 기쁨은 말로 표현할 수 없이 크다. 게다가 동반 성장이라는 축복은 덤으로 따라온다.

존엄한 존재와 존재가 건강하게 공존하는 데 있어 갈등은 결코 피할 수 없는 과정이다. 해마다 각 학교에서 감당하기 힘들 만큼 많은 학폭 사안이 매뉴얼에 맞춰 기계적으로 처리되고 있다. 서로의 마음을 궁금해하고 물음으로써 아이들 스스로 문제를 해결해나가곤 하는 것을 보며 고민하게 되는 지점이 있다. 혹시 신속하게 작동하는 이런 학폭 매뉴얼이 때로는 갈등을 통해 더 단단하게 성장해야 할 아이들 마음의 성장판을 강제로 닫고 있는 것은 아닐까.

스스로 존엄을 지키는 아이들

바로 앞에 소개한 영천이와 규태가 여러 날에 걸쳐 서로의 마음을 알아가며 갈등을 풀었던 일이 있고 난 몇 달 뒤 학교폭력실태조사 설문이 진행됐다.

체격과 힘이 탁월하게 좋은 성후에게 우리 반 남자아이 여럿이 지속적으로 폭력 피해를 당했다는 응답이 나왔다. 함께 놀다가 성후가 레슬링과 같은 여러 운동 기술을 써서 몸을 누르거나 때렸다는 것이다. 처음에는 장난 같았지만 힘이 워낙 좋아 점차 멍이 들 정도로 아팠다고 한다. 종종 심부름도 시켰는데, 거절하면 주먹으로 세게 때리기도 했다는 것이다.

피해자들과 일일이 상담을 해보니 설문과는 달리 피해 사실을 은폐하거나 축소하려 한 것이 드러났다. 피해자들은 '학폭위'에 회부되면 부모님이 알게 될 것을 가장 걱정했고, 보복도 두렵다고 말했다. 한 아이는 마음이 무척 힘들었을 텐데도 정작 사실 조사에 나서자 성후를 비롯한 누구에게도 비밀로 해달라고 애원했다.

결국 성후를 불렀다. 그리고 피해 학생을 밝히지 않은 채 설문에 관한 내용을 물었다. 성후는 남자들끼리 얼마든지 몸으로 부대끼며 놀 수 있다고 생각했다. 친구들에게 주먹을 쓴 건 사실이지만 가벼운 장난이었으므로 학교생활이 어려울 만큼 피해를 느꼈다고 인정하기는 어렵다고 했다.

피해 학생에게 성후의 그런 입장을 전했더니 더 큰 불안을 느꼈다. 그동안 학급 반장을 통해 대화로 해결하려 노력했지만 쉽지 않았다는 것이다. 하지만 이번 기회에 반드시 해결하고 싶다면서 논의할 시간을 달라고 했다. 혼자 피해자로 드러나는 것은 두렵지만 함께하는 친구들이 있다면 용기를 낼 수 있겠다는 얘기였다. 관련된 아이들이 모여 각자 어떤 어려움을 겪었는지 서로의 마음을 묻고 들어보는 자리를 만들었다.

아이들은 같은 반 친구에게 폭력을 당하고 있다는 사실을 인정하는 것 자체에 부끄러움을 느꼈다. 부모님께 말하면 오히려 '허우대 멀쩡한 놈이 왜 맞고 다니냐, 너도 때려라' 등과 같은 비난을 듣게 될까봐 걱정이 가득했다. '더 이상 피해를 당하고 싶지 않다'는 마음과 '피해를 느끼는 내가 문제'라는 두 마음 사이에서 혼란스러워 했다. 아이들이 자기 마음을 정확히 알아가고 부모님에게 자신 있게 전달할 시간을 갖기 위해 며칠 더 개별 및 집단상담을 진행했다.

마침 정혜신, 이명수의 심리적 심폐소생술 '당신이 옳다' 특강을 들은 두 학부모가 피해자인 자녀의 마음에 깊이 공감하는 태도를 보였다. 그 덕에 두 아이가 시작한 자기 공감이 다른 친구들에게도 영향을 미쳤다. 결국 아이들은 자신의 피해 사실을 명확히 인지했고 학폭위에서 다뤄주기를 전적으로 희망했다. 그 과정에서 더 많은 아이들이 용기를 내서 우리 반 남학생 대부분이 피해 사실을 밝히게 되었다.

한편 성후는 아들들과 몸으로 화끈하게 놀아주기도 하고 카리스마로 따끔한 체벌도 한다는 아버지, 그의 방식을 존중하고 지지하는 어머니의 양육 태도를 존경했다. 그런 성후와 폭력의 개념을 새로 정립하기 위해 많은 대화를 나누었지만 성후는 위계질서 속에서의 폭력은 끈끈한 사랑의 표현이라고 확신하고 있었다. 가정 사정으로 어린 시절 친척에게 맡겨져 가학과 구박을 견뎌야 했던 성후는 다시 만난 부모의 애정 어린 폭력은 오히려 감사하다고까지 말했다. 이미 오랜 시간 공기처럼 익숙해진 폭력의 문화를 쇄신하기 위해서는 기나긴 노력이 필요해 보였다.

그러나 일부 피해 학생들의 트라우마가 심각하다 보니 같은 학교 안에서 그런 기회를 갖기 어려웠다. 결국 성후와 부모님은 자신들의 가치관에 반하는 학교의 조치에 서운해하며 학폭위의 권고대로 전출을 택했다. 그 과정에서 다행히 부모님은 스스로의 양육 태도에 대해 다시금 고민하는 모습을 보였다.

언젠가 성후가 이 글을 읽는다면 '나는 영천이와 규태, 그리고 다른 친구들보다 더 많이 너를 위해 애썼고 기도했으며 앞으로도 그럴 것'이라고 말해주고 싶다. 아픔을 드러내고 치유하는 과정에서 저마다 각자의 주어진 형편껏 최선을 다해 자라고 있음을 생생하게 지켜보았기에 더 그렇다.

이 사안을 거치며 발견한 사실이 있다. 학급 내에서 영향력이 큰 반장과, 학업과 신체발달이 뛰어난 규태 외에 아무런 피해를 보지 않은 아이가 한 명 더 있었다. 몸집이 작고, 전학을 와서 친구 관계도 빈약한 영천이었다.

지난 글에서 밝혔듯, 영리한 규태의 은근한 괴롭힘을 정확하게 인지하고 손해를 감수하면서도 끝까지 책임을 물었던 영천이는 한 번도 성후의 괴롭힘을 당하지 않았다. 영천이를 향한 규태의 괴롭힘은 주로 쉬는 시간에 공공연하게 이루어졌으므로 해결 과정도 반에서 공유된 것이다. 폭력을 정당화하려는 사람은 그 누구보다 상대의 경계의식에 민감하다. 그만큼 자기 존엄을 철저히 지키는 사람에게는 결코 함부로 행동하지 못한다.

그해에 나 또한 종종 관리자의 부당한 요구에 항거하는 순간이 있었다. 피해를 보면서도 함께 거부할 용기를 내지 않는 동료들 속에서 홀로 외롭고 비참해 포기하고 싶을 때도 많았다. 그때마다 마음속 등대처럼 영천이의 모습이 떠올라 포기할 수 없었다. 결국 교사에게 주어진 정당한 권리 행사에 심리적 압박감을 주어 자신의 의도대로 통제하던 관리자가 적어도 내게는 깍듯하게 경계를 지켰다.

영천이는 도도한 한 송이 연꽃처럼 위엄 있고 아름다웠다. 폭력의 시대를 거쳐 온 내가 아이들에게 절실히 길러주고 싶었던 자기 존엄 의식을 영천이는 나보다도 먼저 깨닫고 실천해온 것이다.

한 아이 한 아이 스스로 자기 존엄을 철통같이 지켜내도록 길러내는 것만이 살 만한 세상, 안전한 세상으로 성큼 나아가는 지름길이라고 생각한다.

세상을 구하는 작은 방법

오늘날 우리 사회뿐 아니라 여러 문화권에 막강한 영향을 끼치는 성과주의로 인해 사람 사는 세상의 전통적 가치를 많은 부분 잃어가고 있다. 특히 양육에 대해서 아이의 성공적인 삶에 지나치게 집중한 나머지 부모와 자식으로 만난 더할 수 없이 소중한 인연의 의미를 잠깐씩 망각하기도 한다. 아이는 존재 그 자체로 소중하고 고마운 존재다.

선영이는 친구 관계가 비교적 원만한데도 교사들에게는 거리를 두고 무심하게 상대했다. 거의 모든 시간에 엎드려 있어 지도가 어렵다는 교과 담당 교사들의 요청으로 상담을 하게 되었다. 수업에 불참하는 이유를 묻는 내 질문에 뜻밖에 당찬 태도로 대답했다.

“꼭 무언가를 해야 하나요? 하고 싶은 것도 없고 해야 할 이유도 모르는데 도대체 누구를 위해 해야 한다는 말이죠?”

처음으로 눈을 맞추고 날카로운 목소리로 답변을 하자 나는 움찔 놀랐다. 이후 아이는 고개를 돌린 채 이어지는 그 어떤 질문에도 답을 하지 않았다.

학부모 상담을 청하니 어머니가 방문하셨다.

“선생님, 우리 선영이 때문에 고생 많으시죠?”

그녀는 나를 만나자 무척 민망해했다. 이어 선영이의 성장 과정을 구수한 입담으로 장황하게 풀어놓았다.

“저희 시댁은 아들을 간절히 바라는데 제 건강으로 인해 딸 둘 뒤로 더 이상의 출산이 어렵게 되었어요. 아들을 못 낳아주었다는 죄책감에 보란 듯이 키우고 싶어 유아 때부터 학습지도를 좀 철저하게 했어요. 마침 아이가 무척 영리하고 욕심이 많아 지도하는 선생님마다 칭찬이 자자했어요.”

선영이 엄마의 이야기는 계속되었다. 최고로 잘 한다는 확인을 받으면 더 우수한 아이들이 몰리는 학원이나 지역으로 옮겨 그곳에서도 ‘최고’라는 말을 듣기까지 빡빡하게 공부를 시켰다는 것이다.

“그땐 정말 이웃의 부러움을 사고 시댁의 칭찬도 들으니 얼마나 으쓱했는지 몰라요.”

본격적인 입시경쟁이 시작되는 중3부터 내신 관리 업체의 도움까지 받아가며 한층 밀도 있게 공부를 시켰다. 그러던 어느 날 잘 따라오던 아이가 힘에 부쳤는지 '더는 아무것도 하지 않겠다'며 방문을 걸어 잠갔다. 남편과 함께 망치로 방문 고리를 부수고 겨우 방으로 들어가 끌어내자 선영이는 자살하겠다고 소리를 질렀다.

"우리는 너무 놀란 나머지 공부로부터 완전히 놓아주었어요. 그 뒤로 집에 들어오면 줄곧 새벽까지 스마트폰과 컴퓨터 게임만 해요."

어머니는 한고비를 넘긴 듯 담담하게 이야기했다.

"그때 일을 떠올리면 정신이 아찔해요. 그 착실했던 아이가 하루아침에 변했으니 배신감이 들고 자식 농사 망쳤다는 실망감도 들었어요. 다행히 동생은 공부를 잘 하고 재능도 많아요. 우리 부부는 이제 '될 놈에게만 투자하자'고 마음을 바꿔 먹고 작은아이한테 전념하고 있어요. 그게 그나마 위로가 되네요."

"그랬군요. 정말 큰 위기를 지나셨네요."

아이의 변화를 받아들인 어머니의 모습은 어느새 평화로워 보였다.

"하지만 지나고 생각해보니 우리가 선영이에게 깜빡 속은 거지 뭐예요."

"아이가 어떤 점을 속인 걸까요?"

"공부하기 싫으니 쇼를 한 거죠."

어머니는 어이가 없다는 듯 헛웃음을 보였다.

"선영이가 쇼였다고 말하던가요?"

"말해보나 마나죠. 제 동생은 매일 밤늦게까지 이것저것 배우고, 부모는 사업하랴 동생 실어 나르랴 눈코 뜰 새 없이 바쁜데 저만 혼자 속 편히 느긋하게 살고 있잖아요. 그러니 쇼가 아니면 뭐겠어요?"

어머니는 소리 내어 호탕하게 웃으며 말했다.

"아. 그래서 쇼라고 생각하셨군요. 그런데 한편으로 저는 쇼가 아니었으면 어쩔 뻔했나 싶은 생각도 드네요. 실제로 죽고 싶다는 마음을 행동으로 옮기는 아이들이 꽤 있잖아요."

나는 짐짓 조심스럽게 어머니의 표정을 살피며 말을 이었다. 다소 과하다 싶을 정도로 유쾌했던 그녀의 표정이 갑자기 얼음처럼 굳었다.

"아이고, 맙소사! 선생님…."

그녀는 더 이상 말을 잇지 못하고 허공을 그리듯 나를 바라보았다.

"어머니, 지금 아이를 떠올리면 어떤 마음이 드세요?"

"제 욕심이 아이를 극한으로 몰고 간 것 같아 죄스러워요."

어머니의 두 눈에 눈물이 고였다.

"미안한 마음이 드시는군요. 그래도 천만다행인 것은 아이의 거부 행동에 즉각 대처하셨잖아요. 절박한 순간에 선영이 존재의 소중함을 정확하게 인식하신 거죠. 그게 선영이를 살렸어요. 저는 그런 극한 상황을 온몸으로 거부하며 자기를 살려낸 강한 선영이가 참 멋지게 느껴지네요. 어머니 마음은 어떠세요?"

"듣고 보니 그러네요."

힘없는 목소리로 수긍한 어머니의 표정이 다시 밝아졌다.

"하긴 저도 어릴 때 어른들이 뭐라 하거나 말거나 저 하고 싶은 대로 다 하고 살았어요."

그녀는 의기양양한 목소리로 아이가 자기를 닮았다는 듯 은근히 자부심을 드러냈다.

"워낙 잘나가는 집으로 기우는 시집을 가면서 저도 모르게 자격지심에 사로잡혔던 것 같아요. 이제 누가 뭐라 해도 남 눈치 보지 않고 내 아이답게 길러야겠어요."

어머니의 깊은 속마음이 느껴졌다. 나는 들뜬 목소리로 그에 호응했다.

"선영이의 학업 성과와 관계없이 아이 존재 자체를 긍지로 느끼시는군요. 지금 그 마음을 선영이에게 그대로 표현해주시면 어떨까요?"

"네, 꼭 그렇게 하고 싶어요."

어머니는 다시 힘찬 표정을 지었다.

과잉 학습 경쟁에 따른 트라우마로 모든 어른과의 단절을 택했던 선영이는 '학부모 상담' 이후 자신이 좋아하는 일을 찾아가며 조심스럽게 삶의 의욕을 회복해 나갔다. 학년 말 즈음에는 점차 눈빛이 부드러워지고 일상의 대화가 가능해졌다. 그것만으로도 크게 안심이 되었는데, 종업식날 선영이가 다가와 그 어떤 아이보다 오래도록 깊게 가슴을 포개어 내게 안겨왔다. 눈물이 고인 채 서로를 바라보았던 뭉클하고 뜨거웠던 순간의 기억은 꽤 많은 시간이 흘렀음에도 조금도 흐려지지 않는다.

아이는 어른의 성과물이 아니다. 고유한 존재다. 아이들이 저마다의 성정대로 마음껏 커갈 수 있다면 우리의 삶은 또 얼마나 평화로울지. 세상을 한 방에 바꿀 수는 없지만 내 가정이라는 작은 울타리를 변화시키는 일은 마음만 먹으면 해낼 수 있다. 그 변화가 모여서 다시 우리 사회의 공기와 체질을 이룬다. 그러니 한 아이를 구하는 일은 곧 세상을 구하는 일이기도 하다.

폭력 앞에 격리만이 답일까

아동학대에 관한 기사 중에서 '신고 의무와 처벌 강화만이 능사가 아니'라며 지속적인 분리를 주장하는 기사를 보았다. 하지만 그런 시각에는 아이를 단순히 관리의 대상으로만 보는 한계가 있다. 목숨이나 구하자는 식으로 본다면 아주 틀린 말은 아니지만 학대하는 부모의 자식이라고 해서 목숨 부지만이 삶의 목표가 될 수는 없다. 아동보호법은 부모의 학대로부터 아이를 보호하기 위해 분리를 강조하고 있는데, 이것이 그 해결책으로서 가장 최선인지는 다시 생각해볼 일이다.

어느 날 중학교 3학년 여학생인 영서가 연락 없이 등교하지 않아 전화를 걸었다.

"영서야, 오늘 무슨 일이 있는 거니? 왜 아직 학교에 오지 않았니?"

영서는 울먹이며 말했다.

"선생님, 저 오늘 얼굴에 멍이 들어 학교에 갈 수가 없어요."

깜짝 놀란 나는 다급히 물었다.

"아니, 어쩌다 멍이 든 거야?"

평소 내게 각별한 친밀감을 드러내던 영서는 자신의 상황을 매우 솔직하게 털어놓았다.

"학원 숙제를 안 해서 엄마가 매를 들었는데 피하다가 하필 얼굴을 맞았어요."

"저런… 얼마나 아팠을까?"

아이는 뾰로통한 목소리로 말했다.

"많이 아픈 건 아니지만 너무나 화가 나요."

"그렇겠네. 그런 일이 자주 있었던 거야?"

"네, 숙제를 잘못하거나 수업에 빠지면 학원에서 연락이 오거든요. 그럴 때 매를 맞곤 해요. 제가 가만히 있으면 덜 맞는데 너무 아파서 피하거나 반항하면 아무 데나 막 때려요. 어제는 엄마가 너무 흥분해서 겁에 질려 처음부터 피하다가 더 세게 맞았어요."

아이가 자주 심한 체벌을 당했다는 걸 알게 되자 몹시 안타까웠다.

"더 이상 엄마한테 맞지 않도록 선생님이 돕고 싶어."

아이는 투정 부리듯 말했다.

"네, 선생님이 도와주세요."

아이가 바로 집을 나설 수 있는 상황인지 궁금했다.

"지금은 누구랑 있니?"

"엄마는 일하러 나가고 동생은 학교 가서 저 혼자예요."

멍이 든 얼굴을 친구들에게 보이기 싫어하는 영서의 심정을 헤아려야 할 것 같았다.

"친구들과 마주치지 않게 해줄 테니 학교 상담실에서 만날 수 있을까?"

아이가 등교하는 동안 아동학대 관련 매뉴얼에 따라 보고하고, 전문 상담교사와 의논했다. 영서와 실제로 상담을 해보니 지속적인 체벌로 사춘기 아이와 어머니의 관계 불화가 가속화되고 있음을 알 수 있었다. 학교의 지시로 전문 상담교사와 함께 가정방문으로 어머니를 만났다.

영서의 아버지는 암으로 고생하다가 몇 년 전 돌아가셨다. 아버지의 투병으로 가계가 어려워진 데다 돈벌이를 해본 일이 없어 생계가 막막해진 어머니는 초등학생이었던 두 아이를 이웃에 사는 시숙 내외에게 맡기고 24시간 운영하는 지방의 어느 식당에서 먹고 자고 일하며 조리를 배웠다. 잠 한숨 편히 못 자고 고생해서 번 돈을 아끼고 아껴 3년 만에 아이들 곁으로 돌아와 작은 식당을 차렸다. 작지만 손맛이 좋은 어머니의 가게는 2~3년 만에 자리를 잡아 수입이 꽤 안정적이었다.

몇 년간의 막막하고 힘들었던 시간을 떠올리면서, 배우지 못하면 서럽고 힘들게 살아야 하기에 무조건 아이들을 잘 기르고 싶었다. 그러나 3년이나 육아 공백을 거친 아이들과의 관계는 무척 어려웠다. 특히 친척 집에서 서러운 사춘기를 보낸 영서는 매사 반항기 있는 태도를 보이며 어머니의 분노를 일으켰다. 다 큰 애가 엄마의 고생을 그리도 몰라주나 싶었던 것이다.

어떻게든 좋은 대학에 보내 엄마처럼 고생하지 않게 해주고 싶었다. 학원비도 아끼지 않고 뒷바라지하는데, 막상 아이가 따라주지 않으니 자꾸만 매를 들게 되었다. 처음에는 종아리 몇 대로 시작했지만 갈수록 수위가 높아져 온몸에 멍이 들도록 때리는 일도 종종 생겼다. 어머니의 눈물과 한숨 어린 하소연을 다 듣고 나서 육아 상담 지원을 약속하며 아동복지법에 대해 알려주었다.

두어 달이 지난 뒤 어느 날 영서가 다시 학교에 오지 않았다. 전화 연락도 안 됐다. 영서와 가장 친한 다른 반 아이 소영이를 찾아갔다. 소영이의 얼굴에는 나에 대한 원망이 설핏 어리는 듯했다.

"선생님, 영서가 다시는 학교에 오지 않겠대요."

"왜지?"

"선생님이 신고해서 경찰이 걔네 엄마를 잡아갔대요."

영서에게 들은 그대로 믿는 눈치였다.

"내가 신고했다고? 영서가 뭔가 오해를 한 것 같은데…."

"전에 선생님이 영서네 집에 다녀가신 다음에, 걔네 엄마가 영서에게 말하더래요. 매 맞은 사실을 한 번 더 학교에 알리면 엄마는 감옥에 가게 된다고요. 어젯밤에 영서가 맞고 있었는데 경찰이 와서 조사한다고 엄마를 데려갔대요."

"그랬구나. 혹시 영서네 집의 소란한 소리를 듣고 이웃이 신고를 한 걸까?"

"영서는 선생님이 미리 경찰에 알려둔 거라고 생각하더라고요. 영서는 큰아버지 집에 있을 때 구박과 매질로 서럽고 힘들었대요. 더 많이 맞게 되더라도 다른 사람이 아닌 자기 엄마랑 살고 싶대요."

영서 어머니를 만난 이후 나는 아이와 자주 상담했고 매뉴얼에 따라 전문가의 추후관리와 부모 교육도 이어졌다. 그럼에도 계속된 체벌을 인지하지 못했다. 과연 보호자의 학대로부터 아동을 보호하기 위해 신고를 의무화하고 격리 보호하는 것만이 답일까?

그나마 과거에 비해 나아진 점이 있다면 법이 공공연한 아동학대를 보호한다는 것이다. 20여 년 전 만취 상태의 아버지에게 온몸에 피멍이 들도록 맞고 밟히고 짓이겨지다가 도망쳐 나온 여자아이를 내 자취방에 재워준 일이 있었다. 아이의 부모뿐 아니라 이웃과 학교 관리자들마저 '아이를 왜 바로 돌려보내지 않았냐'는 추궁과 더불어 '자식은 전적으로 부모 소관'이라며 오히려 내게 엄하게 경고했었다.

지금은 신고하면 당장의 보호를 맡길 수 있는 제도와 기관이 있으니 한결 낫다. 그러나 향후 대처를 보면 그때에 비해 크게 나아진 것이 없다. 신고 후에도 많은 아이가 결국 부모 곁으로 돌아가 폭력과 적절히 타협하며 길들여지는 선택을 하곤 한다. 학대받는 아이는 그 누구보다 부모와의 분리를 두려워한다. 특히, 부모로부터 분리되어 기관이나 친척, 이웃의 손에서 힘든 경험을 한 아이들은 부모의 품으로 더 깊이 파고들어 숨어 버린다.

각자도생 낭떠러지가 있는 경쟁사회에서 입양가정, 경제적 위기가정, 한부모 가정, 고소득층 가정 등 모든 계층의 부모가 저마다의 이유로 불안하다. 코로나19의 고립 상황이 지속되면서 위기 가정에서의 아동보호가 더욱 시급하다. 특히 학벌에 의한 소득 격차로 교육 불안이 높은 우리 사회에서 온통 부모에게 쏠린 무거운 양육의 책임은 정신적으로 위기로 몰고 갈 수 있다.

혹시 부모도 이 사회의 긴급한 돌봄이 필요한 건 아닐까? 학대받는 아이들을 보호하기 위해서는 부모에게도 보호자가 필요하다. 모든 부모의 보호자, 그게 바로 차별이 없는 복지 국가이다. 그 누구도 부모 이상으로 자신을 끝까지 책임져 보호해주지 않는다는 것을 아이들이 누구보다 더 잘 알고 있기 때문이다.

밝은 면으로 다가서기

모두가 주인공으로 참여하는 수업을 지향하는 나에게 가장 좋은 스승은 아이들이다. 주제에 따라 학기, 학년마다 대화와 수업 평가 설문을 통해 아이들의 진솔한 목소리를 듣는다. 내가 해온 노력이 아이들의 성장을 어떻게 이끌었는지 아는 것은 함께 즐기며 발전할 수 있는 힘이 된다. 한편 부적응하는 아이의 목소리는 일면의 만족에 멈추지 않고 새 길을 찾아 폭을 넓히는 소중한 창구가 되어준다.

"이번 학기 수업은 즐거웠나요?"라는 질문에 90퍼센트 이상의 아이가 '매우 그렇다' 또는 '그렇다'의 응답을 한 데 반해 단 한 명 '아니다'에 응답한 아이가 있었다. 수업 시간 내내 무심하고 산만했던 인우였다. 아이는 평가 이유에 '잘 못하는 아이를 야단치지 않아 수업이 부실하다'고 적었다.

처음에는 조금 서운한 마음이 들었다. 본인이 제대로 참여하지 않아 놓고 이런 평가를 하다니… 하지만 시간이 지나 그런 내 마음을 스스로 들여다보고 나니 곧 아이의 진짜 마음도 궁금해졌다.

참여하지 않는 자신을 따끔하게 혼내지 않으니 소홀했다는 뜻일까? 그런데 이름을 밝힌 설문에 솔직하게 응답한 것은 나를 안전한 존재로 신뢰한다는 뜻 아닐까? 다른 아이들 모두 즐겁게 어우러진 이 수업에 인우는 왜 깊숙이 들어갈 수 없었을까? 내가 어떤 끈이 되어주기를 바란 걸까?

더 자세히 묻고 싶었지만 아이가 추궁당한다고 느낄 수 있기에 자연스러운 기회를 기다렸다. 인우는 음악, 미술, 체육 관련 여러 주제 중 한 가지를 선택할 수 있는 자유학기 예술체육 활동에 내가 개설한 뮤지컬 수업을 희망했다. 그러나 여전히 참여가 부진했다. 모둠별 창작 뮤지컬을 계획하는 단계였는데, 모두 모여 아이디어 회의가 한창인 어느 날 인우는 한켠에서 심드렁한 표정으로 큐브 퍼즐을 휙휙 돌리고 있었다.

"인우야, 요즘 퍼즐 맞추기를 즐기나 봐?"

나는 책상에 엎드린 듯 한쪽으로 기운 아이의 곁으로 다가가 눈을 맞추며 물었다.

"네, 저희 반에서 유행하고 있어요."

인우는 손동작을 멈추지 않은 채 앉은 자세를 바로잡으며 대답했다.

"아, 그렇구나. 재미있니?"

"네, 우리 반 최고기록 깨기에 도전하고 있어요."

나의 관심이 반가운 듯 밝은 음성으로 답했다.

"그래? 현재 기록 보유자는 누구야?"

나도 목소리의 톤을 높여 물었다.

"형태가 며칠 전에 28초를 기록했어요. 저는 아직 30초를 돌파하지 못했어요. 그런데 잘 하면 며칠 안에 깰 수 있을 것 같아요."

"우와, 멋지다. 나는 한 면만 맞추려 해도 꽤 시간이 걸리던데. 친구들과 같이 도전하니 더 재미있겠다."

"네."

인우의 눈빛이 한결 부드럽고 환했다.

"지금 하는 모둠 활동은 어때? 관심 있게 참여하고 있니?"

아이는 퍼즐을 돌리던 자기 손을 잠시 보다가 멈추었다.

"네. 퍼즐은 그냥 손버릇처럼 돌리는 거예요. 귀는 회의에 집중하고 있어요."

나는 부드러운 음성으로 말했다.

"다행이다. 혹시 무료한 건 아닌가 궁금했거든. 그런데 친구들도 네가 관심 있게 참여하고 있다는 걸 알려나?"

인우는 머뭇거리다가 말했다.

"아, 모를 수도 있겠어요."

"그렇지. 대화 중 상대가 눈을 맞추지 않으면 듣고 있다는 걸 알아채기 어렵겠지?"

"네, 하지만 특별히 떠오르는 아이디어가 없어서 일단 들어보고 있는 거예요."

"그렇구나. 생각이 떠오를 때까지 우선 들어본다는 자세가 참 좋다. 네 눈빛이 의견을 내는 친구와 마주친다면 이런 네 속마음도 잘 전달될 거야."

아이는 수긍하는 표정으로 "네"라고 답한 뒤, 그때부터 마칠 때까지 다른 아이들과 눈빛을 나누었다. 점차 발언하는 모습도 보였다.

수업을 마치고 우르르 빠져나가는 무리의 끝에서 걸음을 늦춘 인우가 다가와 내게 얼굴을 기울이며 나지막이 말했다.

"선생님은 말씀을 참 잘하시는 거 같아요."

나는 반기며 물었다.

"그래? 어떨 때 그렇게 느꼈어?"

"어떤 말씀을 하셔도 기분 나쁘지가 않아요."

생각지 못한 아이의 칭찬에 흐뭇했다.

"아, 그랬다니 기쁘구나. 내 권유를 기꺼이 받아주니 나도 반갑더라. 전보다 의사 표현이 많아 보이던데, 오늘 수업 어땠어?"

"재미있고 아이디어도 더 잘 떠올랐어요."

"그랬구나. 네 마음 전해줘서 고마워. 덕분에 무척 힘이 된다."

아이는 자신의 불편함을 있는 그대로 드러낼 수 있게 물어봐주는 행동을 더 발전적인 관계를 위해 기회를 주는 것으로 받아들인다. 이미 여러 관계에서 부정적인 기억이 많은 아이라면 우선 아이의 밝은 면을 찾아 가만히 다가가는 것이 먼저다.

나를 봐야
남이 보인다

대입을 목표로 두지 않아서인지 민이의 학교생활에 늘 안 좋은 평가가 따랐다. 그로 인해 여러 교사와의 관계에서 갈등을 빚기도 했다. 하루는 수업을 마치고 교무실로 돌아오자 우리 학급의 과학을 담당하는 교사가 하소연하듯 말했다.

"오늘 선생님 반 민이 때문에 얼마나 황당했는지 몰라요."

여전히 흥분한 그녀의 얼굴에 피로감이 짙었다.

"정은이가 화장을 하기에 '너 수업 시간에 무슨 화장이야? 빨리 집어넣어'라고 말했거든요. 그런데 갑자기 민이가 끼어들어 '선생님은 왜 그깟 일로 애를 망신주세요?'라며 저를 야단치듯 따지는 거예요. 기가 막혀서 그만 '너 지금 어디다 대고 눈을 치켜뜨며 대드는 거야!'라고 언성을 높이고 말았어요."

"아이구, 얼마나 당황하셨을까요."

"네, 그런데 더 기가 막힌 건 교무실까지 뒤따라와서 제가 전에도 정은이를 비하했다며 당장 사과하라는 거예요."

이야기를 들어보니, 언젠가 정은이가 감기로 병원에 다녀온 날 본인이 정은이에게 "치마 짧게 입고 다니더니, 거봐. 내가 멋 부리다 얼어 죽는다 했지" 하고 말했다는 것이다. 그 일로 정은이는 친구 민이에게 자존심이 몹시 상했다고 털어놓았다.

"저는 그 정도 농담은 통하는 사이라고 생각했으니 속상한 줄 몰랐어요. 좀 과했나 싶어서 바로 불러 미안하다고 했죠. 그런데도 민이는 뚱한 표정으로 정은이 손을 잡아끌고 획 나가버리더라고요."

이튿날 아침 민이가 내게 전화를 걸어 머리가 아파 학교에 올 수 없다고 했다. 그래서 조심스레 말했다.

"민이야, 어제 일에 대해 선생님께 이야기 들었어. 그 일로 마음이 불편한 건 아닌지 궁금하다."

"네, 사실은 그 일 때문에 학교에 가기가 힘들어요."

민이는 질문을 기다렸다는 듯 바로 심경을 토로했다. 나는 지금 어떤 마음인지, 민이의 상황을 구체적으로 알고 싶어 물어보았다.

"과학 선생님 뵐 생각에 불편하고 아이들 보기 부끄러워요.

여전히 화도 나고요."

"한꺼번에 여러 가지 마음이 드니 많이 힘들겠구나. 학교에 와서 나하고 이야기 나눠보면 어떨까?"

민이가 도착했다는 연락을 받고 교정으로 나가 벤치에 나란히 앉았다.

"선생님이 화장하는 정은이를 지도할 때 어떤 마음이 들었던 거야?"

"갑자기 제가 겪은 일이 떠올라 화가 났어요. 진로와 관련해서 꼭 해보고 싶던 일에 응모하느라 잠이 부족해 졸은 적이 있어요. 그때 '으이그, 민이 넌 밤에 잠 안 자고 또 뭘 했길래 꾸벅꾸벅 졸아?'라고 말씀하셔서 무척 부끄러웠어요. 그런데 조금 있다가 상원이가 졸자 '상원이 요즘 늦게까지 시험공부 하는구나?'라며 안쓰러워하시는 거예요. 사정을 묻지도 않고 성적으로 차별하시는 것 같아 화가 나더라고요. 공개적으로 무시당했으니 자존심도 상했고요."

민이는 오랜 시간 참았던 화를 쏟아내듯 목소리를 높여 말했다.

"저런, 그런 마음이 들었겠네. 그때도 정은이 일처럼 네 불편한 마음을 말씀드렸니?"

"아니요, 그럴 수 없었어요. 제 개인적인 일이라 이해받기 어렵다고 생각했어요."

아이의 목소리가 조금 작아졌다.

"그럼 정은이 일을 문제 삼는 건 괜찮게 느껴졌나 봐?"

"네, 친구를 위한 일이니까요. 그런데 지금 이야기하다 보니 사실은 정은이를 걱정하는 마음보다 제 상처가 떠올라 마음이 아팠던 것 같아요. 만일 제가 찾아뵙고 상처받았다는 것을 말씀드렸다면 오늘 정은이에게 그러셨듯 제게도 사과하셨을 것 같아요. 과학 선생님이 저희를 진심으로 위한다는 걸 잘 알고 있거든요."

과학 교사를 원망하던 민이의 마음이 조금은 누그러진 것 같았다.

"그렇구나. 그럼, 선생님 마음은 어떠셨을지도 한번 생각해볼까?"

아이는 갑자기 울컥 눈물을 쏟으며 말했다.

"아이들과 다른 선생님들 앞에서 너무 부끄러우셨겠어요."

금세 교사를 위하는 민이가 사랑스럽게 느껴져 어깨를 다독이며 물었다.

"그래, 너도 선생님을 참 좋아하는구나?"

아이는 눈물이 가득 고인 눈으로 간절하게 말했다.

"네, 과학을 못하지만 저도 인정받고 싶어요."

무릎을 감싼 민이의 손등에 내 손을 포개며 말했다.

"너의 이런 마음을 아신다면 선생님도 위로받으시겠다. 직접 전해보면 어때?"

아이는 손바닥으로 눈물을 슥 닦으며 말했다.

"아직은 용기가 안 나요. 일단 제 마음을 추스르고 나서 방법을 찾아볼게요."

다음 날 우리 반 수업을 마친 과학 교사의 표정에 감동이 깃들었다.

"선생님, 민이가 어려울 텐데도 수업에 열중하고 필기까지 하는 정성을 보였어요. 다른 아이들도 저를 격려하듯 수업 태도가 더 좋았고요. 수업을 마치자 선생님이 권하셨다는 상처 치유에 대한 그림책을 말없이 교탁에 올려놓고 가는 아이도 있었어요. 그간 웃겨보려는 욕심으로 과격한 표현을 쓸 때가 많았는데, 저도 앞으로는 조심해야겠어요."

동료는 그 일을 계기로 내가 추천했던 적정 심리학 책과 그 안의 내용인 공감대화법을 익혀 적극 실천했다. 덕분에 아이들과의 관계가 한층 수월하고 부드러워져 행복하다며 왜 여지껏 이런 걸 말해준 사람이 없었냐고 억울해했다.

한편 민이는 학교성적으로 위축되었던 자존감을 점차 회복했다. 주위에 친구들과 어울리지 못하는 아이가 있으면 가장 먼저 손 내밀어주고, 종종 담임 교사인 내 마음을 살피기도 하는 탁월한 공감자로 성장해 나갔다. 학기말에는 전교생이 참여하는 대토론회에 나가 우등생인 상대방의 보수적 입장에 조목조목 반박함으로써 과도한 복장규제를 완화하는 데 이바지하기도 했다.

다른 사람을 먼저 생각하라는 요구가 일반적인 사회 풍토에서, 자신의 마음을 살피고 존중하는 단단한 내적 성숙을 이루지 못한 채 엉거주춤 어른이 되어가는 경우가 많다.

존중감은 자신을 있는 그대로 수용하는 경험에서 시작해 점차 주변으로 확대되어 가는, 지극히 자연스러운 과정을 거친다. 건강한 이타심과 공동체 의식을 바탕으로 한 민주시민의 자질을 길러주고 싶다면, 자기감정을 존중하는 태도를 길러주는 데서 출발해야 한다.

아이들은 자신을 믿고 존중하는
어른의 뒷모습을 보고 자란다.
'무엇을 어떻게 잘하라' 고 말로 가르치기보다
그저 믿고 존중하는 태도를 견지하며
가르치고 싶은 바를 스스로 먼저 실천하면 된다.
아이가 지닌 독특한 색채를 자세히 들여다보며
아이의 마음을 끝까지 묻고 들어야 한다.

3

모두 다 참 괜찮은 아이들

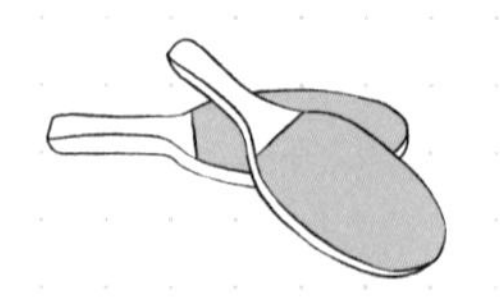

다 같은 부모 마음

자녀의 학업 성패가 마치 좋은 부모의 기준처럼 여겨지는 우리 사회에서 학부모로 살아가는 일은 내내 불안의 연속이다. 특히 본격적으로 대입 전선에 뛰어든다는 비장한 마음으로 아이의 고입을 맞이하는 학부형의 마음은 더더욱 그렇다. 아이와 함께 교사와 학교라는 시험대에 오르는 것 같아 두렵고 긴장될 수 있다.

교사들 또한 담임 교사에게 기대하는 여러 역할 중 능력 있는 입시 지도자로의 역할을 가장 무겁게 의식하고 있다. 그래서 대체로 성적 자료와 진학 정보를 준비하고 학부모와의 첫 상담을 준비한다. 아이를 사이에 두고 단단한 협력관계로 만나야 할 부모와 교사가 서로를 냉정한 평가관으로 의식하는 면이 적지 않다.

나 또한 현실적 요구에 맞춰 자료를 구비해둔다. 그러나 가장 우선하는 준비는 아이와 먼저 이야기를 나누는 일이다. 사춘기를 막 통과한 아이들은 여러 면에서 부모와 단절을 선택하는 경우가 있어서 마음의 징검다리가 필요하다고 느끼기 때문이다.

중학교 때까지 여러 차례 따돌림의 설움을 겪은 명재는 고등학교 입학 후 절대적인 양보와 헌신으로 교우 관계를 맺어가고 있었다. 마음이 아픈 친구들이 있을 땐 누구보다 먼저 달려가 등을 쓸어주는 따뜻한 모습을 보이곤 했다.

다만 나를 포함해 교사들에게는 마음을 잘 열지 않았다. 무언가 어려운 심정이 느껴져 다가가 마음을 물으면 무성의하게 '괜찮아요, 선생님은 모르셔도 돼요'라고 말하며 자리를 피했다. 상담 기간 중 명재 어머니를 만나는 날, 나는 점심시간을 이용해 명재와 먼저 이야기를 나누고 싶었다.

"명재야, 오늘 오후에 어머니가 학부모 상담하러 오실 거야. 혹시 부탁드렸으면 하는 건 없을까?"

명재는 평소의 냉소적 태도와는 달리 눈을 반짝이며 말했다.

"제가 알바를 하는데요. 월급 중 20만 원만 용돈으로 쓰고 나머지는 엄마가 관리하다가 성인 되면 받기로 했어요. 그런데 저는 총액을 제 통장으로 받고 20만 원을 제외한 나머지를 제가 직접 엄마 통장으로 입금해드리고 싶어요. 그러나 엄마는 제가 받자마자 유혹을 받아 다 쓸지도 모른다고 무조건 엄마 통장으로 받아야 한대요."

마치 기다렸다는 듯 억울한 표정으로 답답했던 마음을 술술 털어놓았다.

"속상하겠네. 네가 번 돈을 마음껏 쓰지 못해 아쉬운 마음이 드는 걸까?"

"아니요. 엄마가 맡았다가 목돈을 만들어주신다는 건 꽤 괜찮은 생각이라 저도 좋아요. 제가 갖고 있다간 허무하게 다 써버릴 수도 있으니까요. 하지만 제가 한 달 일한 월급이 고스란히 찍힌 제 통장을 직접 보고 싶어요."

명재의 간절한 눈빛에 내 마음이 그대로 겹쳤다.

"암, 그렇지. 왜 안 그렇겠어. 그런데 그 마음을 엄마한테 전달하기는 힘들었니?"

"전달해도 소용없을 게 뻔해요. 중학교 때 제가 워낙 속을 썩여드렸으니 못 믿을 만도 하잖아요."

"그렇게 생각하는구나. 한 번만 믿어달라고 설득해보고 싶지는 않아? 너도 너 자신을 유혹으로부터 단련시키면서 잃었던 엄마와의 신뢰도 회복해나가면 좋지 않을까?"

명재는 크게 도리질을 쳤다.

"아니에요. 3년만 참으면 성인이 되니까 그때까진 제가 포기할래요."

"그럼 내가 어머니께 너의 마음을 전해주는 건 바라지 않니?"

"네, 그냥 모르는 척해주세요. 제가 알아서 하고 싶어요."

아이는 체념한 듯 말했지만 어느새 목소리에 찬 기운이 느껴졌다.

명재 어머니와의 상담은 주로 말씀을 듣는 시간이었다. 그분은 이 시간을 간절히 기다려온 듯 말썽꾸러기 아들의 지나온 역사를 줄줄 풀어가며 이야기했다. 말씀이 정말 길었다. 그동안 나는 '끄덕끄덕'과 '네네'로 맞장구만 쳤다. 그러다가 마무리 시점이 되어서야 겨우 기회를 잡아, 명재가 그동안 학교생활과 친구 관계를 위해 어떤 노력을 해왔는지 자세히 말씀드렸다.

지난 초·중학교 과정을 거치면서 명재에게 가장 마음 놓기 어려운 부분이 친구 관계 능력이었던 어머니는 기뻐서 눈물을 글썽이기도 했다. 그러더니 문득 생각이 난 듯 말했다.

"선생님, 우리 아이가 선생님을 참 좋아해요."

"아, 그래요? 실은 명재가 좀 까칠해서 절 불편해하는 줄 알았어요."

"아니에요. 명재가 그래요. '엄마, 우리 샘은 내가 무슨 잘못을 해도 그 자체를 지적하기보다 그렇게 행동하게 된 마음을 물어봐주셔. 아직은 나 스스로 감정을 표현할 줄 몰라서 자세히 말하기 어려울 때가 많지만 마음이 얼마나 편한지 알아? 어때? 누구랑은 참 다르지?' 이렇게 말하더군요."

어머니는 명재 말에 뜨끔한 나머지 농으로 받아쳤다고 한다.

"누구라니? 그게 설마 엄마야? 너, 엄마 배에 난 칼자국이 누구 때문인지 알지? 네가 엄마를 제일 알아줘야지!"

어머니의 표정은 선생님과 비교당해 싫기는커녕 안심하고 고마운 얼굴이었다.

아이에 대한 서운한 마음과 걱정으로 시작해 눈물과 감사로 매듭짓는 어머니들, 서로 충혈된 눈으로 손 맞잡고 헤어지기 싫은 듯 오래도록 문 앞을 서성이는 학부모와 나, 그것이 우리 반 학부모 상담의 가장 흔한 그림이다. 그 힘으로 나는 또 아이들과 흠뻑 사랑에 빠진다. 그야말로 학부모와 교사가 서로 업고 업히는 상담이다.

내 학부모 상담은 초지일관 "어머니, 아버지, 당신 아이는 참 괜찮습니다"이다. 진심이다. 아이들은 이유 없는 분노를 품지도, 이유 없는 반항을 하지도 않는다. 반항하는 아이가 도리어 더 정직하다. 그 아이들을 통해 교사인 나는 매일매일 성장한다. 가만히 삭이지 않고 드러내는 아이들 마음의 소리가 나를 더 뜨겁게 폭풍 성장시킨다.

까슬까슬한 우듬지를 꺾지 않고 따스한 비와 햇살로 품어 보드라운 잎을 열어주는 일, 매일매일 내게 일어나는 기적이다.

"요즘 애들은"이라 말하기 전에

"요즘 애들은 그저 오냐오냐 커서 지밖에 몰라. 물질적 풍요로 부족함 없이 자라서 공동체 의식이 부족해."

이런 '충조평판'에 나는 늘 마음이 불편하다. 이대로 아이들 탓만 해도 되는 걸까? 과연 물질적 결핍만 고생일까? 가정이든 학교든 온통 비교하고 줄 세워 평가하기 바쁘면서 아이들에게만 존중과 배려심을 요구하는 건 너무 게으른 판단이 아닐까? 아이들 입장에서 보면 도대체 어느 장단에 춤을 춰야 하는지 혼란스러울 수 있다.

그런 의미에서 예영이의 일화를 통해 성공 강박에 시달리는 요즘 아이들의 마음을 함께 깊이 들여다보고자 한다.

연주 실력 수준이 다양한 고등학교 1학년 아이들의 모둠별 협력 수업에서 일어난 일이다. 〈작은 별〉 주제(한 곡을 이루는 중심 악상)를 변주해 리코더로 합주하는 '우리도 모차르트'라는 활동의 모둠을 편성한 날이었다. 수업을 마친 뒤 예영이가 비장한 표정으로 음악실에 남았다.

"선생님, 오늘 수업에 대해 드릴 말씀이 있어요."

나는 남은 아이가 없는 것을 확인한 후 물었다.

"어, 그래. 무슨 일이 있니?"

"저희 모둠에 음악 잘 하는 아이가 별로 없어요. 특히 진구는 보나마나 무임승차 할 것이 뻔해요."

예영이는 이미 화가 난 듯했다.

"아… 시작부터 맥이 빠지겠네."

"네, 무엇이든 빠짐없이 다 잘 하고 싶은데, 이번 모둠 구성을 보는 순간 다 포기하고 싶어졌어요."

"그렇구나. 가장 걱정되는 점이 뭔지 더 설명해줄래?"

"저는 작곡에 워낙 관심이 많고 리코더 연주도 자신 있어요. 이번 기회에 수준 높은 작품을 만들어보고 싶어요. 그런데 왜 진구처럼 열의 없고 연주 실력도 부족한 아이랑 같은 모둠이 되어야 하나요? 애써 좋은 변주곡을 작곡한다 해도 진구가 그 작품을 제대로 소화할 수 있을까요? 그러니 합주가 되기 어려울 것이고, 만일 된다 해도 제가 한 노력에 다른 아이들이 쉽게

편승하는 거잖아요."

예영이는 눈물까지 글썽거렸다.

"다른 아이들이 네 실력과 열의를 따라가지 못할까봐 걱정되는구나. 그럼에도 함께 좋은 성적을 받을까봐 억울한 마음도 들고…."

나는 아이의 마음을 다시 짚어보았다.

"네, 그래서 저는 모둠 활동이 정말 싫어요."

"그런 경험이 많았다면 싫을 만도 하네."

적극적으로 공감을 표시해주었더니 북받친 감정에서 조금씩 놓여나는 듯했다.

"그나마 다른 친구들하고는 차차 마음 맞춰갈 수도 있어요. 하지만 매사에 의욕이 없는 진구만큼은 도저히 호흡을 맞추기 어려울 것 같아요. 진구라도 다른 모둠으로 보내주시면 안 될까요?"

예영이는 모둠 활동의 불편을 감수하겠다는 마음가짐을 보이면서도 끝내 진구는 거부했다. 학업뿐 아니라 사회성 발달도 늦어 교우 관계에서 소외된 진구에게는 마음을 열기 어려운 모양이다.

"예영아, 이 활동을 통해 저마다 지닌 다른 특성들이 음악의 다양한 요소에 맞닿을 수 있지 않을까? 그러면 생각하지 못했던 새 작품으로 바뀌는 과정을 경험할 수 있을 거야. 수업을 통해 평소 어울리지 않던 친구와 교류하는 소중한 경험도 쌓게 되고…."

나는 여전히 볼멘 예영이의 얼굴을 살피다가 다시 말했다.

"이번 활동에서 나는 연주 수준보다 서로 다른 특성을 조화하고 협력해나가는 과정에 관심을 두고 지도할 거야. 그러니 평가도 거기에 맞춰야겠지. 네가 용기를 낸다면 특별한 관심으로 지켜보며 적절히 도울게."

예영이는 다소 누그러진 듯 차분한 표정으로 말했다.

"네, 그럼 일단 한번 해볼게요."

몇 번의 수업 후 각자의 역할에 맞춰 변주된 성부를 연습하는 단계가 되었다. 진구에게 모종의 역할을 당부하던 예영이가 한숨을 푹 내쉬었다. 예영이네 모둠의 변주곡은 거의 모든 성부가 장식 선율로 구성되어 있어 꽤 복잡했다. 기본적인 운지법도 서투른 진구는 그 어떤 역할도 감당할 수 없는 수준이었다.

"너희 모둠은 모든 성부의 가락에 많은 변화를 주었구나. 한 명은 주제 선율을 맡는 게 어때? 주제감을 살리면서 기본 박을 짚어내는 효과도 있을 듯해."

아이들은 조언을 반기면서도 서로 눈치를 보았다. 주제는 워낙 단조로운 동요 선율이니 모두들 시시해서 맡기를 꺼리는 것이다.

"이건 진구가 맡아보면 어떨까?"

내 제안에 진구가 고개를 끄덕이자 예영이가 흥을 내며 말했다.

"선생님, 진구가 어려워하면 제가 가르쳐줄 수 있어요. 저희들끼리 해볼게요."

예영이는 진구 옆으로 자리를 옮겨 리코더 운지법부터 차근차근 알려주었다. 음표에 계이름을 써주고 박자도 짚어주며 개인지도를 하다시피 했다. 진구도 교사의 지도에 비해 훨씬 의욕적으로 따랐다. 몇 주 후 예영이네 모둠은 개성 있고 조화로운 '작은 별 변주곡'을 발표해 큰 호응을 얻었다. 활동을 마무리하면서 내가 말했다.

"여럿이 함께 만든 변주곡이 멋지지 않던가요? '혼자'라면 천재 음악가 모차르트처럼 짧은 시간 안에 이런 멋진 곡을 완성하기 어렵지만 '우리'니까 할 수 있었어요. 맞죠?"

그러자 아이들이 "네!" 하고 힘차게 답했다. 예영이의 눈빛은 그 누구보다 두드러지게 빛났다.

흔히들 요즘 아이들은 너무 이기적이라고 말한다. 인정 욕구가 강한 성장기 아이들은 사회나 어른들이 자신을 어떻게 평가하는지 늘 노심초사한다. 기성세대가 깔아놓은 판에서 나름 아등바등 적응해가는 아이든, 못해내고 소외된 아이든 공히 이 사회에서 인정받으며 잘 커가고 싶어 한다.

아이가 삐딱하게 보일수록 더 깊이 마음을 묻고 그 진심을 들어보자. 먼저 아이의 신뢰를 받아야만 더 나은 세상으로의 길잡이도 가능해진다. 더불어 이제라도 좋은 판을 깔아주기 위해 온 사회가 힘을 모아야 할 때다. 머지않아 요람부터 대입까지 초경쟁 사회를 살아내야 했던 청소년층이 주도하는 사회가 온다. 그 세상의 한켠에서 우리 어른들이 존중받으며 어울려 함께 살아가길 바란다면 하루 속히 숯 덩어리가 되어버린 낡은 경쟁교육의 판을 갈아치워야 한다.

아이들의 이기심을 '충조평판' 하기 전에, 우리가 아이들의 어떤 면을 바라보며 길러주려 하는지 깊은 관심을 갖기 바란다. 다른 사람의 부족한 면도 이해하고 감싸며 함께 살아가길 바란다면 온갖 경쟁 시스템에서 커오느라 팍팍하고 편협해진 아이의 마음도 따뜻하게 품어줄 수 있어야 한다.

인성은 지식으로 기를 수 있는 것이 아니라 자신을 대하는 사회와 어른의 태도를 통해 자연스럽게 익어간다.

가만히 지켜봐주는 부모

꽤 많은 아이들이 동시다발적인 세상의 요구에 치여 작은 시도조차 힘들어하곤 한다. 모든 의욕을 상실했던 아이가 조금이라도 힘을 내려 한다면 비록 작은 보폭이라도 내딛는 그 순간을 충분히 응원할 필요가 있다.

넘어진 아이를 바라보는 어른의 마음도 무척 힘들다. 그래서 뭔가 전환점이 보이면 마음이 급해질 수 있다. 이제 겨우 추스르고 일어서려는 아이에게 '빨리 달려라, 멀리 달려라, 훨훨 날아라' 하며 밀린 어른의 욕구를 들이밀고 있는 것은 아닌지 돌아볼 필요가 있다.

한동안 학업에 관한 관심을 완전히 놓은 바람에 기초 학습능력이 부족해진 준형이 이야기다. 준형이는 과학 시간에 스페인어 회화 교재를 몰래 꺼내놓고 공부하다가 담당 교사에게 들켰다. 과학 교사의 지도를 받은 후 준형이는 나를 만나자 자조하듯 말했다.

"선생님, 전 정말 엉망진창인가 봐요."

나는 안타까운 표정으로 물었다.

"혹시 과학 선생님께 지도 받고나니 후회가 돼서 그러니?"

"네, 저는 이제 뭘 해도 다 틀린 것 같아요."

준형이의 얼굴에 실망감이 가득했다.

"그런 마음까지 드는구나. 과학 시간에 스페인어를 공부한 데는 너 나름의 이유가 있을 텐데."

"네, 제가 잘 할 수 있는 일을 하고 싶었어요."

준형이의 목소리는 축 처져 있었다.

"그랬구나. 학교 수업에서는 잘 할 수 있는 걸 찾기가 어려웠니?"

"네, 사춘기를 지나면서 친구 관계에 깊이 빠져 있다 보니 공부가 부족해졌어요. 고등학교 입학을 앞두고 다시 잘 해봐야지 생각했는데 엄두가 나지 않았어요. 한 과목이라도 도전해보고 싶어 비교적 잘 되리라 생각한 수학을 열심히 공부해봤어요."

하지만 준형이는 기초가 워낙 부족해 학교 진도를 따라가기가 어려웠다. 부모님께 말씀드려서 과외를 시작했고 다행히 몇 달 만에 꽤 괜찮은 성적을 받았다. 그렇게 차츰 오르는 수학 성적을 보니 재미가 붙어서 줄곧 수학 공부만 하게 되었다.

그런데 처음에는 반기던 부모님들도 1년이 넘도록 수학 공부에만 매달리는 준형이를 이해하지 못했다. 점차 다른 과목도 신경을 쓰며 공부하기를 바라셨을 텐데 그러지를 못한 것이다.

고등학교 첫 시험을 치르고 결과를 받아보신 부모님은 말씀하셨다.

"한 과목만 판다고 좋은 대학을 갈 수 있는 게 아니니 이제 공부는 접고 무사히 졸업해 기술이라도 배워라."

그러면서 준형이의 부모님은 '대학 갈 것도 아닌데 아깝다'며 모든 학습 지원을 끊어버렸다. 준형이의 지난 이야기를 처음 들은 나는 다소 놀랐다.

"공부 재미를 알아가는 중인데 갑자기 지지를 받지 못하게 되니 엄청 서운했겠다."

"네, 부모님은 좋아하는 것만 하려고 드는 제가 전혀 실속 없다고 하셨어요."

"그런 평가를 들었을 때 넌 어떤 마음이 들었어?"

"제가 생각해도 참고 해내는 능력이 부족하니 의지력이 약한 사람인 것 같아요. 그래서 한동안 다시 놀기만 했어요. 그런데 문득 이렇게 살아도 되는 건지 불안한 마음이 드는 거예요. 그래서 얼마 전부터 스페인어 공부를 시작했어요. 텔레비전 프로그램을 보다가 스페인의 독특한 건축물에 관심이 생겼거든요. 고등학교만 졸업하고 나면 스페인으로 유학을 가서 건축을 공부해보고 싶어요."

나는 반가운 표정으로 두 손을 모으며 말했다.

"그렇구나. 꿈이 생긴 거네?"

"꿈이 생기니 독학으로 공부하는 게 조금도 힘들지 않고 재미있어요. 예전에는 독서를 별로 좋아하지 않았지만 건축이나 스페인 관련 책도 많이 읽고 있어요."

"그랬구나. 그럼 스페인어 공부가 너무 재미있어서 교과 수업 시간에도 꺼내놓게 되는 거니?"

아이는 머리를 긁적이며 머뭇거리다 답했다.

"그렇다기보다는… 수업 시간에 아무리 들어봐도 모르겠는 내용을 듣다 보면 제가 초라하고 비참하게 느껴져서요. 저도 할 수 있는 게 있다는 걸 확인받고 싶어요."

나는 그제야 준형이의 마음을 제대로 알 것 같아 눈길을 깊이 포개며 말했다.

"그런 마음 들겠네. 어때? 스페인어 실력이 느는 만큼 불안한 마음도 줄고 있니?"

준형이는 여전히 어두운 표정으로 답했다.

"아니요. 주변에서 좋아하는 것만 파고드는 저를 인정하지 않으니, 또다시 제가 못나게 느껴져요. 이렇게 살아도 괜찮은 걸까요?"

나는 힘주어 확신에 찬 눈빛을 보내며 말했다.

"그럼, 괜찮고말고! 네게 꿈이 있고 이렇게 이루려고 행동하고 있는데 도대체 뭐가 문제겠어?"

아이는 곁눈질하듯 내 표정을 살피면서 나의 반응에 대한 불편한 마음을 드러냈다.

"하지만 우리나라에서 성공하려면 결국에는 좋은 대학을 가야 하잖아요. 대학을 가려면 내신 교과목들을 고루 잘 해야 하는데…."

나는 더욱 자신감 있는 어조로 내 생각을 전달했다.

"그런 생각도 하고 있었구나. 하지만 그건 공부를 대입의 수단으로만 볼 때의 입장이지. 공부의 힘은 생각보다 막강해. 무엇이 됐든 하고자 하는 공부를 계속해 나간다면 네 인생에 걸쳐 끊임없이 도전하면서 만족하는 삶을 살아가도록 큰 힘이 되어줄 거야. 지금은 평생을 함께할 공부의 기본기와 근력을 기르는 과정에 불과하니 속단은 금물이야. 걱정하지 말고 좋아하는 분야의 공부에 마음껏 집중해."

내 이야기를 듣는 동안 준형이의 눈에 점차 힘이 들어갔다.

"사실 하기 싫은 공부를 꾸역꾸역 해내다가 정작 대학에 가고 나면 의욕을 잃어버리는 사람도 많잖아. 본격적인 공부는 대입 이후의 삶에서 지속적으로 이어질 텐데 말이야. 선생님이 보니, 넌 헛공부 하는 일 없이 그 누구보다 제대로 살아갈 것 같아."

그 이후로 아이는 기회가 있을 때마다 나를 찾아와 의욕적으로 구체화되어 가는 자신의 진로 계획을 들려주었다. 몇 달 후 자신이 좋아하는 건축물에 대한 여러 정보를 조합하여 인터넷 방송을 시작했다는데, 고정 청취자가 급증하고 있다며 자랑하기도 했다.

언젠가 나의 자녀 걱정에 조언해준 어느 선배의 말이 떠오른다. 균형 잡힌 식습관을 길러주려는 과정에서 밥 먹기를 싫어하게 된 아이 때문에 걱정하자 선배는 말했다.

"일단 좋아하는 음식을 실컷 편식하게 내버려둬. 그러다 보면 뱃구레가 늘어날 뿐 아니라 음식 먹는 행위 자체를 좋아하게 될 거야."

학교 교육이 곧 입시 교육이라는 잘못된 인식이 많은 아이의 공부 의욕을 힘없이 꺾어 버리곤 한다. 시간이 걸리더라도 아이 마음의 용량과 속도를 존중하며 기다리는 태도는 스스로 삶의 근육을 단단히 키워가는 데 큰 도움이 된다.

아이가 공부를 통해 평생 살아가는 힘을 지속시키기 바란다면 그것이 무엇이 됐든 저 나름의 공부 전략에 힘찬 응원을 아끼지 말자.

최고의 5등급 우등생

그간 '좋은교사운동'과 '사교육걱정없는세상'을 만나 건강한 교육을 통해 새로운 세상의 희망을 키우고 싶었다. 그런 나는 동료들 사이에서 종종 이상주의자로 불리곤 했다. 입시관리기관으로 전락한 교육 현장에서 내가 꿈꾸는 저마다의 빛깔로 평화롭게 공존하는 교실은 철 지난 몽상에 불과한 것인지 낙담할 때가 많았다. 교육철학의 공유는 포기한 채 교실과 교무실 사이에서 이중생활을 하기도 했다. 표면적으로는 잘 어울려 즐겁게 지냈지만 사유하는 존재로서의 나는 철저한 고립 속에서 쓰라리게 외로운 시간을 보냈다.

꽤 오랜 기간 중학교에서 근무하다가 십수 년 만에 고등학교로 전입한 첫해, 고3 학생들의 모둠별 협력 수업을 준비하는 내게 동료 교사는 말했다.

"요즘 아이들은 모둠 활동을 싫어해요. 철저하게 개인적인 능력을 평가받고 싶어 하죠."

음악 교과는 자칫하면 타고난 재능까지 가세하여 실력 중심 활동으로 흐르기 쉽다. 게다가 학교 안팎으로 입시 몰입 공부에 시달리는 수험생을 대상으로 하는 수업이기에 안전한 환경에서 동료와 활발하게 상호작용하는 기회가 절실하다고 생각했다. 그래서 동료와의 많은 대화와 일부의 타협을 통해 계획한 대로 협력 수업을 추진했다.

실기 수업에서 배운 기타연주를 이용해 모둠별 합주를 하는 활동에서 연화네 모둠은 꽤 어려운 곡을 선택했다. 연주할 수 있는 아이는 음악적인 이해가 빠르고 기본기도 잘 갖춘 연화뿐이었다. 연습 기간에 친구들의 연주를 자상하게 돕는 연화의 모습은 그 어떤 교사보다 훌륭했다. 실력이 미흡한 친구도 포기하지 않고 기타 연주 대신 노래를 부르며 함께할 수 있도록 격려했다. 그 모습에 존경심마저 느꼈다.

결국 학급 친구들의 기립박수 속에서 호흡을 맞추어 흥겹게 발표했다. 울컥 눈물이 났다. 아이들은 함께할 수 있는 판을 깔아주면 이토록 아름답게 조화를 이루는데, 어른들이 만든 학교의 시스템은 어떠한가. 뒤처지는 아이의 손을 끝까지 잡아주고 있는 걸까? 나쁜 판을 깔아놓은 세상을 탓하기보다 '나눌 줄 모르는 요즘 아이들'이라는 어른들의 성급한 판단이 아쉽게 느껴졌다.

수업을 마치고 주변 동료들에게 연화로 인해 느낀 점을 말해주었다. 다른 교사들도 자신의 수업을 통해 본 연화의 인품을 앞다퉈 칭찬했다. 그때 한 동료가 나서서 대화의 맥을 끊었다.

"그럼 뭐해요? 그래 봤자 성적이 5등급인걸."

순간 말문이 막혔다. 아이의 성적을 한 존재의 값어치로 여기는 것 같아 속으로 화가 났다. 한편으로는 왜 그런 말을 했는지 궁금하기도 했다. 결국 조심스럽게 물었다.

"선생님, 혹시 연화의 내신 성적이 5등급이라서, 좋은 면이 있어도 별 가치가 없다는 생각이 드나요?"

그녀는 체념한 듯 말했다.

"우리 학교만 해도 인간미 넘치고 건강한 공동체 의식을 지닌 아이들이 얼마나 많아요. 하지만 대학에서 알아주질 않잖아요. 인기 대학은 1, 2등급이 아니면 원서조차 들여다보지 않을 테니 그게 다 무슨 소용이에요?"

난 그제야 그녀의 본뜻을 알아채고 공감하는 반응을 했다.

"아, 대학에서 아이들의 인성을 제대로 봐주지 않으니 속상한 거군요."

"네, 매년 반복해서 그런 경험을 하니 무력감이 들어요."

그녀는 한숨을 푹 내쉬었다.

"그렇다면 우리가 저마다 힘을 모아 '이 아이가 얼마나 훌륭한지' 기록해주면 어떨까요?"

그녀는 실소하며 말했다.

"몇 년을 그렇게 노력해봤지만 밤새워 쓴 몇 장의 학생생활종합기록보다 숫자 하나로 매겨진 등급이 우선이더라고요. 차라리 하나라도 더 외우게 하고 시험문제로 철저하게 변별해서 인기 대학에 보내면 당장 주변의 평가라도 잘 받죠. 그게 아니면 이 모순된 환경에서 무슨 보람으로 버틸 수 있겠어요."

나 또한 그녀의 무력감을 이해할 수 있기에 씁쓸한 마음을 나누었다. 대학 입시 성과로만 학교와 교사의 자질을 평가하는 사회 풍토 속에서 바람직한 한 사람으로 성장하도록 이끌어주는 역할은 무시되는 것만 같다. 하지만 한편으로는 남몰래 지켜온 나만의 철학을 전해보고 싶은 마음이 들어 다시 조심스레 말을 이어갔다.

"그런데 우리가 기록한 내용을 아이 당사자는 알 필요가 있다고 생각해요. 대학과 사회가 성적으로 줄 세워 자신의 존재를 알아주지 않을지라도 가장 가까운 거리에서 지속적인 관계를 맺은 교사가 자신을 어떻게 바라보는지는 한 아이의 인생에 중요한 영향을 끼칠 거예요. 시스템이 나쁠수록 아이들에 대한 피드백에 온 정성을 실어보면 어떨까요. 그게 교사의 고유한 권한이자, 세상을 바꿀 수 있는 건강한 영향력 아니겠어요?"

'충조평판' 없는 공감대화로 아이들과의 관계가 더욱 깊고 풍성해지자 동료들의 반론에도 궁금한 마음이 들기 시작했다. 궁금할 때마다 주저 없이 마음을 묻고 들어보니, 결국 같은 상처를 다른 각도로 표현한 것이었음을 알 수 있었다. 상대의 마음에 궁금함을 품지 않는다면 그 어떤 좋은 생각을 품고 있어도 나라는 존재 자체가 '충조평판'으로 여겨질 수 있다. 반론을 제기하는 것이야말로 서로의 마음에 닿고자 문을 두드리는 관심의 손길일 수 있다.

세상이 온통 지뢰밭일지라도 여전히 희망은 교육에 있다. 지금 이 순간에도 잠시 안전한 울타리가 되어주면 서로의 존재 가치를 잊지 않고 나쁜 세상 속에서도 선한 힘을 발휘하는 아이들이 창창하게 자라고 있기 때문이다.

중2병은 없다

흔히 사춘기가 고약한 이상증세라도 되는 듯 세상은 '중2병'이라는 꼬리표를 붙여 당당히 폄하한다. 사실은 나도 크게 다르지 않았다. 2년간의 고교 근무 중 공감대화의 기적 같은 위력을 깨달은 뒤 '과연 중학교에서도 이게 통할까?'라는 호기심이 들었다. 마침 근무하던 학교의 음악 교사 인원이 줄어 근거리 중학교로 이동했다. 공감대화가 익숙해진 지금의 내게 있어 중2는 인생의 가장 아름다운 변화기이다.

점심 식사 후 복도를 지나는데 2학년 남학생 화장실에서 요란한 웃음소리가 들려왔다. 눈을 돌려보니 초콜릿 아이스크림이 천장과 벽에서 진득하게 흘러내리고 있었다. 급식 때 나온 아이스크림을 먹지 않고 세게 던진 모양이었다.

"누가 여기에 아이스크림을 던진 걸까?"

킬킬거리던 두 아이가 뒷모습을 보이며 교실로 가고 있는 한 남자아이를 가리켰다. 아이를 불러 화장실 앞에 마주 섰다.

"녹은 아이스크림을 여기 던진 네 마음이 궁금하네. 왜 그랬을까?"

"……."

아이는 대답하지 않은 채 곁눈으로 나를 바라봤다.

"나는 올해 전입한 음악 교사 김선희라고 해. 다른 반을 담당하고 있어. 여기에 아이스크림을 던진 이유가 있을까?"

"그냥요."

아이는 고개를 옆으로 돌리며 엷은 미소를 띠었다.

"아, 그냥 한 거구나. 이렇게 오염이 된 상태를 본 마음은 어떤지 궁금하네."

"모르겠는데요. 저는 이만 교실에 들어가 볼게요."

"음. 혹시 내가 이 일에 관심 두는 게 불편하니? 너와 친숙한 담임 선생님이나 학년의 생활지도 담당 선생님과 대화하도록 해줄까?"

"……."

아이는 여전히 눈을 마주치지 않은 채 귀찮은 표정을 지었다.

"결정이 어렵나 보네. 잠시 생각해보고 있을래?"

다시 눈을 맞춘 아이는 대답했다.

"네."

"몇 분 정도면 될까?"

"5분이요."

아이의 대답은 빨랐다.

"좋아, 나도 좀 걸으며 생각해보고 다시 올게."

다른 층을 걷다가 돌아오니 아이가 그대로 서 있었다.

"어때? 나와 더 이야기 나눠볼까?"

"네."

아이의 눈빛은 한결 순했다.

"그래, 던진 데는 이유가 없고 오염된 걸 보고 어떤 마음이 드는지는 아직 모르겠다는 거지?"

"네."

"그럼, 오염된 벽면과 천장은 어떻게 처리하면 좋을까?"

아이는 짜증스러운 표정으로 말했다.

"화장실 청소하시는 분이 있잖아요."

나는 온화한 목소리로 물었다.

"맞아, 계시지. 그런데 이 큰 학교를 오로지 한 분이 청소를 맡고 계셔서 이렇게 예기치 못한 추가 업무가 발생하면 버거우실 것 같은데… 네 생각은 어때?"

"거기까지는 생각해본 적이 없어요."

아이의 말투는 퉁명스러웠다.

"그럼 더 생각해보고 있을래? 다시 걷고 올게."

나는 가볍게 말한 뒤 자리를 떠났다가 5분 후 돌아왔다.

"어떻게 처리하면 좋을지 떠올랐니?"

아이의 모습에 안정감이 비쳤다.

"제가 닦아야 할 것 같아요."

"그런 결정을 했구나. 천장이 높은데 안전하게 닦는 방법을 함께 생각해볼까?"

"대걸레를 이용하면 될 것 같아요."

나는 반기는 반응을 하며 물었다.

"방법도 생각해뒀네. 시간은 얼마나 필요할까?"

어느새 저항감이 사라진 눈빛으로 아이가 씩씩하게 말했다.

"점심시간 마치기 전까지 해볼게요."

20여 분 뒤 다시 돌아와 보니 곁에 있던 두 친구의 자발적인 도움을 받아 대걸레와 손걸레로 벽과 천장을 모두 닦고 청소도구까지 깨끗이 빨아놓은 뒤였다.

"말끔하게 해결했구나? 지금 마음이 어때?"

"귀찮고 힘들었어요."

아이는 꽤 피곤한 기색이었다.

"그랬구나. 만일 이 일을 다른 사람이 했다면 어땠을까?"

"무척 화났을 거 같아요."

목소리를 흐리며 답하더니 고개를 조금 수그렸다.

"그새 다른 입장에서도 보게 됐구나. 이 일을 통해 알게 된 점이 더 있을까?"

나는 대견한 눈빛으로 아이를 바라보며 물었다.

"무심코 하는 행동에도 책임이 따른다는 걸 깨달았어요. 앞으로는 어떤 행동을 하기 전에 좀 더 생각하게 될 것 같아요."

"좋은 생각을 키웠네. 너의 지혜로운 문제 해결 과정에 참여할 수 있도록 나에게 기회를 줘서 정말 고마워. 덕분에 나도 많이 배웠어."

마주한 아이의 표정에 맑고 순한 자부심이 흘렀다.

비슷한 상황에 놓이면 자칫 '도대체 어떻게 이런 짓을 할 수 있어?'라는 판단을 앞세워 질문하기 쉽다. 믿기 어렵겠지만 아이들에게는 꽤 많은 상황이 처음일 수 있다. 그와 비슷한 직간접의 경험이 있다 해도 다가온 상대나 그의 대응은 낯설 수 있다.

조선 시대 선비들은 동이 트기 전, 못에 배를 띄워 수면에 귀를 대고 가만히 기다렸다가 해가 뜨면서 들려오는 연꽃 봉오리 열리는 소리를 즐겼다고 한다. 아이의 행동을 급하게 판단하지 말고 잠잠히 지켜봐준다면 어느새 새벽안개가 걷히며 펑 하고 꽃피는 경이로운 순간을 목격하게 될 것이다.

사춘기 아이의 곁에 있다면 그의 황홀한 인생 향연에 합류할 티켓을 받은 것이다. '그냥요' '잘 모르겠는데요' '딱히요'로 대표되는, 사람 꽃봉오리 3종 세트에 담긴 마음을 궁금해하며 적정한 관심과 기다림으로 지켜보길 바란다.

아이들은 자신에게 맞는 시점과 방향을 스스로 선택할 때 깊게 사고하며 탁월한 역량을 발휘한다. 훼손되지 않은 건강한 배움은 지속적인 내면의 성장촉진제로 작용한다. 만물이 생동하는 5월을 맞이하여 아름다운 자람을 생생하게 목격할 수 있도록 곁을 내주는 소중한 아이들에게 한없는 고마움을 전해보자.

사과하는 용기, 진짜 어른

수업이나 생활지도 상황에서 늘 아이들의 마음을 묻는 나의 태도에 많은 동료들이 우려를 표하곤 한다. 2년간 가까운 자리에서 친하게 지내며 내 교육 활동에 깊은 관심을 보였던 한 동료는 이렇게 말하기도 했다.

"선생님은 애들한테 무슨 사과를 그리 자주 해요? 어른이 사과하면 위신이 안 서잖아요. 교사도 사람인데 실수를 할 수도 있죠. 제발 사사로운 일에 미안하다는 말 좀 하지 마세요. 괜히 저까지 부끄러워져요."

아예 틀린 말은 아니다. 많은 아이가 이미 확신에 찬 어른의 지도에 익숙해져 있다. 그러다 보니 실수를 인정하는 교사를 상대적인 약자로 느끼기도 한다.

병건이는 눈에 띄게 훤칠하고 말끔한 인상으로 친구들 사이에서 인기가 많았다. 관계에 몰입하다 보니 수업 중 핸드폰 사용으로 인해 여러 번 지도를 받기도 했다. 특히 등교 후 학급별 보관 가방에 핸드폰을 내고 종례 후 받는 규정을 자주 어겼다. 기기 변경으로 사용하지 않게 된 일명 '공폰'을 대신 내고 몰래 사용하다가 발각되어 반납하는 일도 여러 번 있었다.

그때마다 차분히 대화하던 끝에 반성문을 쓰기도 했다. 몇 번의 지도가 반복된 뒤 그제야 핸드폰을 제때 제출했다. 때마다 다양한 사정을 호소하던 병건이의 입장을 침착하게 들으며 기다려준 보람이 느껴져 흐뭇했다.

그러던 어느 날 한 교과 담당 교사가 나에게 우리 반 지도의 어려움을 토로했다.

"요즘 선생님 반 아이들 중 여러 명이 핸드폰을 잘 내지 않고 있다는 사실 알고 계세요?"

가방의 모든 번호에 핸드폰이 꽂힌 걸 꼼꼼히 확인한 날이라 생각지 못한 제보에 놀라 되물었다.

"어머나, 여전히 내지 않는 아이가 있나요?"

"네, 오늘 제 수업 중에 어디선가 작은 벨 소리가 들렸어요. 서로 자기 것이 아니라며 잡아떼더라고요. 몇 명이 서로 눈빛을 주고받으며 실실 웃는 걸 보니 아마도 여럿이 내지 않은 것 같아요."

"말씀해주셔서 고맙습니다. 집중 지도로 개선됐다고 생각했는데 제가 다시 한번 관심을 가져야겠네요."

동료 교사가 돌아가고 나서 교무실에 보관 중이던 핸드폰 가방을 꺼내어 하나하나 꼼꼼히 살폈다. 짙은 회색이었던 병건이의 핸드폰이 옅은 분홍색으로 바뀌어 있었다. 뒷면에는 낯선 여학생의 얼굴 사진과 이니셜도 보였다. 갸우뚱하며 병건이 핸드폰을 뜯어보고 있는 나를 보고 옆자리 동료가 물었다.

"선생님, 뭘 그리 유심히 보고 계세요?"

"우리 반 아이들이 핸드폰을 안 낸다는 제보가 있어 확인하는 중인데, 처음 보는 핸드폰이 보여서요."

"그럼 전화를 걸어보세요. 마침 폰이 켜져 있네요."

"아, 그럴까요?"

병건이의 전화번호로 전화를 걸어 보았지만 핸드폰은 울리지 않았다. 동료는 확신하듯 말했다.

"하, 개가 공폰을 낸 거네요. 사진의 친구가 공폰을 빌려준 거 아닐까요?"

"글쎄요. 일단 가지고 있다가 점심시간에 물어봐야겠어요."

병건이의 핸드폰을 내 책상 서랍에 넣고 나서 핸드폰 가방을 다시 보관함에 넣었다.

점심식사 후 친구들과 대화하며 어울리고 있는 병건이를 불러 내 자리로 오게 했다.

"병건아, 이 핸드폰 네 것 맞니?"

아이는 눈을 크게 뜨며 답하더니 날카로운 눈초리로 물었다.

"네, 제 거예요. 그런데 이게 왜 선생님 책상 서랍에서 나오죠? 설마 제 허락도 없이 핸드폰에 손을 대신 거예요?"

순간 당황한 나는 더듬듯 말했다.

"아이고, 기분이 나쁘겠구나. 미안하다. 내 생각이 짧았어. 요즘 다시 핸드폰 제출을 안 하는 아이들이 있다는 교과 선생님의 말씀을 듣고 궁금해서 살펴본다는 게 말이야."

예기치 못한 병건이의 거부 반응에 뒤늦게 후회하는 마음이 들었다.

"내가 실수했어. 정말 미안해."

병건이는 몹시 불쾌한 듯 핸드폰을 집어 들더니 실리콘 재질의 케이스를 벗기며 말했다.

"이거 보세요. 제 폰 맞잖아요. 최근에 사귀게 된 여친이 자기거랑 기종이 같다며 케이스 교환하자고 해서 바꾼 거라고요."

"그랬구나. 다시 한번 미안해."

그때 핸드폰 화면을 열어본 병건이의 눈이 다시 커지더니 소리치듯 말했다.

"이건 또 뭐예요? 선생님이 저한테 전화 건 거예요?"

비행기 모드 상태에서 부재중 기록이 남아 있는 모양이다.

"아, 실은 네 폰인지 아닌지 궁금해서 걸어봤어."

핸드폰을 든 아이의 손이 가늘게 떨렸다.

"그래서요?"

"전화를 걸어도 반응이 없길래 따로 가지고 있다가 이렇게 물어보게 된 거야."

병건이의 손은 더욱 크게 떨렸고 얼굴도 붉게 달아올랐다. 사태가 심각하다는 것을 직감했다.

"애초에 저를 의심하셨네요."

아이는 단호한 목소리로 말하고 대응할 틈도 없이 몸을 획 돌려 교실로 가버렸다. 놀란 나는 뒤쫓아갔다. 아이는 울음 섞인 목소리로 교실에 있는 아이들에게 절규하듯 소리쳤다.

"우리 샘이 내 폰에 함부로 손댔어!"

교실에 있던 아이들 중 일부는 병건이에게 다가가 자세한 상황을 묻고 일부는 교실에 들어선 나를 놀란 듯 바라봤다.

"병건아, 정말 미안하다. 내가 큰 실수를 했어. 너와 좀 더 이야기 나누고 싶어."

아이는 책상 위에 엎드리며 말했다.

"선생님과 더는 말하고 싶지 않아요!"

지켜보던 반 아이들의 눈초리가 하나 둘 싸늘하게 변해갔다. 병건이와 가장 친한 효석이가 따지듯 말했다.

"병건이 폰을 검열하신 거예요? 선생님이 어떻게 그러실 수 있죠?"

"그래, 너도 놀랐구나. 궁금한 점은 나중에 말해줄게. 지금은 병건이와 이야기를 나눠야겠어."

규태도 자리에서 벌떡 일어나며 말했다.

"선생님, 그 동안 저희 핸드폰을 걷어다가 마음대로 꺼내서 확인하곤 한 거예요?"

여러 아이의 흥분된 모습에 당황하여 내 가슴이 크게 뛰었다.

"그건 아니야. 오늘 일로 많이 놀라고 궁금한 마음이 들겠지만, 너희들이 기다려준다면 곧 자초지종을 말해줄게."

나는 엎드려 양팔에 얼굴을 묻은 채 남은 불만을 토로하는 병건이의 옆자리에 앉아 귀 기울이며 계속 사과했다. 시간이 꽤 흘러도 아이가 같은 말을 반복하며 사과를 받아주지 않자, 문득 '이렇게까지 심하게 거부감을 표할 만한 일인가' 하는 의아한 생각이 들었다. 반 아이들의 반응도 의외였다. 그간 어떠한 상황에서도 모든 아이를 존중한 내 정성을 알아주지 않고 한 번의 실수에 모두 돌아선 것 같아 서운했다. 그래서 조심스레 그 마음을 전했다.

"병건아, 이 일이 네겐 돌이키기 힘든 상처가 된 모양이구나. 미안한 내 마음이 제대로 받아들여지지 않아 정말 난감하다. 방법이 나빴던 게 사실이지만, 솔직히 다른 선생님의 지도라면 이 정도로 화를 냈을까 하는 의문이 들어. 유독 나한테 더 화가 난 이유가 무언지 궁금해."

병건이는 고개를 들어 꼿꼿한 자세로 앉더니 나를 쏘아보며 말했다.

"그간 몇 번이나 핸드폰을 몰래 사용하다 걸렸음에도 선생님은 한 번도 화내지 않고 대화로 풀어가셨잖아요. 그런 선생님께 감동받아서 유혹이 와도 앞으로는 절대 몰래 쓰지 않겠다고 결심했단 말이에요. 이후로 쭉 지켜왔고요. 선생님은 그런 저를 외면하신 거잖아요. 지금 제 마음이 어떤지 상상이 되세요?"

그제야 병건이의 마음을 제대로 알 수 있었다. 나는 주저앉고 싶은 심정이었다. 더 이상 할 말을 잃은 내 눈에서 뜨거운 눈물이 흘렀다. 지켜보던 아이들도 숙연했다.

"병건아, 이루 말할 수 없이 미안해. 힘들었을 텐데 끝내 잘 표현해줘서 고마워. 이제야 제대로 알 것 같아. 힘들겠지만 속상한 마음이 남아 있다면 끝까지 말해주기 바라. 네 마음이 괜찮아질 때까지 끝까지 듣고 사과할게."

내 눈물을 물끄러미 바라보던 병건이의 날 선 눈초리가 서서히 부드러워졌다.

"아까는 저도 왜 그리 화가 나는지 잘 몰랐는데 말하다 보니 더 깊이 알게 됐어요."

"그래, 그랬겠다. 더 하고 싶은 말이 있을까?"

"아니오. 하지만 마음이 쉽게 풀리지는 않아요."

"그렇구나. 그럴 만도 하지. 내가 어떻게 하면 네 마음이 편해질 수 있을까? 네 말대로 나는 너를 늘 존중해. 지금 이 순간도 그렇고. 그 믿음을 되찾고 싶구나."

여전히 눈물이 맺힌 병건이의 눈가에 엷은 미소가 번지며 다소 장난기 어린 목소리로 말했다.

"그럼, 선생님도 반성문을 쓰세요."

나는 미소를 띠며 물었다.

"반성문을 쓰라고? 그러면 네 마음이 풀리겠니?"

"네!"

혹시 장난은 아닐까 싶은 마음에 아이의 표정을 살펴보니 엷은 웃음기 뒤로 진지함이 느껴졌다.

"그래, 기회를 주어 고맙구나. 진심을 다해 쓸게."

나는 교무실로 돌아와 마음을 묻는 형식의 반성문을 출력해서 정성껏 작성했다. 그리고 다 쓴 뒤 병건이에게 보여주니 씨익 웃으며 내게 물었다.

"선생님, 반성문 써보니 어떤 마음이 드세요?"

"응, 네 요구에 좀 겸연쩍었는데 막상 써보니 내 마음을 하나하나 깊이 짚어볼 수 있더라. 내가 제시한 이 반성문의 질문들에 스스로 답해본 일이 없거든. 네 덕에 흔치 않은 기회를 가졌어. 어때, 이젠 마음이 좀 풀리니?"

"네."

아이는 환하고 친근한 표정으로 답했다.

"사과를 받아줘서 정말 고마워. 오늘 일로 내가 큰 배움을 얻었어."

나를 바라보는 아이의 표정은 그 여느 때보다 더 깊고 따뜻했다.

"병건아, 앞으로는 어떤 상황에서든 먼저 네게 사정을 물을게. 다시 한번 약속해."

아이는 푸근한 미소로 답했다. 나는 그의 눈을 깊이 들여다보며 말을 이었다.

"그런데 나도 너에게 한 가지 부탁하고 싶은 게 있어."

"뭔대요?"

병건이의 태도에 여유가 느껴졌다.

"선생님의 행동으로 불편한 마음이 생겼을 때 다른 사람에게 그 사실을 전하기 전에 내게 끝까지 더 물어주기 바라. 아까는 너하고 충분한 소통이 없이 다른 아이들의 관심까지 더해지니 무척 당황스럽더라. 아이들의 관심까지 받으며 너와의 대화를 이어가려니 집중하기 힘들어서 혼났어."

아이는 그제야 나의 입장을 돌아보는 듯 입을 살짝 벌리며 응시했다. 나는 아이가 미처 생각하지 못한 점을 더 말해주었다.

"나는 너와 돈독한 신뢰 관계를 형성한 개별적 존재인 동시에, 교실 속에서는 모든 아이의 안전을 지켜주는 울타리로 존재해. 앞으로 네 마음이 불편할 때는 오늘처럼 끝까지 책임을 묻되, 다른 오해로 중심을 잃지 않도록 지키는 마음도 내주길 바라. 난 언제든 네가 원하는 만큼 충분히 대화할 마음이 있다는 거 믿지?"

아이는 그제야 민망한 웃음을 지으며 말했다.

"네, 아까는 제가 너무 급했어요. 죄송해요. 앞으로는 우선 선생님과 충분히 대화할게요."

남은 학기 동안 병건이는 누구보다 열렬한 나의 지지자가 되었다. 공부에 대한 열의도 높아져 단기간 내에 눈에 띄는 향상을 보이기도 했다. 3년 후 대학생이 된 병건이가 스승의 날을 앞두고 이런 문자를 보내왔다.

'선생님, 대입을 준비하는 동안 자기소개서에 저의 성장 과정을 쓸 때마다 어김없이 선생님이 떠올랐어요. 제 인생에서 가장 존경하는 어른은 바로 선생님이에요. 선생님과 함께한 한 해 동안 저 자신도 놀랄 만큼 많이 회복하고 성장했어요. 좋은 가르침을 주셔서 정말 감사합니다.'

어른이든 아이든 잘못된 행동을 했을 때는 상대가 괜찮아질 때까지 충분히 사과할 필요가 있다. 성취 강박 사회를 살아가는 아이들이 어른들에게 배우고 싶어 하는 태도는 어쩌면 자신의 부족을 순하게 인정하는 용기일지 모른다.

그 어떤 순간에도 자신의 실수를 인정하는 용기. 그게 아이들이 가장 배우고 싶어 하는 진짜 어른의 태도이다.

나의 반성문

이름: (   )

1. 무슨 일이 있었나요? (말, 행동 등 누가, 언제, 어디서, 무엇을, 어떻게, 왜)

2. 왜 이런 일이 일어났다고 생각하세요? 그 행동을 했을 때 마음이 어땠나요?

3. 자신의 행동으로 가장 큰 영향을 받은 사람은 누구(들)라고 생각되나요?
   (개인, 학교, 가정 차원에서)

4. 자신의 행동으로 발생한 피해를 회복하기 위해 직접적으로 할 수 있는 일은 무엇인가요?

5. 앞으로 이런 일이 생기지 않기 위해 본인이 해야 할 일은 구체적으로 무엇인가요?

6. 주변에서 본인에게 해주었으면 좋겠다고 생각하는 것은 무엇인가요?

7. 지금의 기분과 심정은 어떤가요?

인권을 알아가는 아이들

핸드폰 사건으로 병건이의 거센 항의를 받고 사과 끝에 힘들게 용서받은 날, 많은 아이들이 사건의 전말을 궁금해했다. 몇 명은 담임 교사인 나에 대해 신뢰를 잃었다며 실망감을 드러내기도 했다. 약속한 대로 모든 아이가 모이는 종례시간에 자초지종을 말해주었고 진심을 다해 사과했다.

"여러분이 얼마나 실망했을지 생각하니 정말 부끄럽고 미안해요. 나의 이야기를 듣고 더 궁금하거나 하고 싶은 말이 있다면 들려주세요. 지금부터 여러분의 마음이 어떤지 충분히 들을게요."

일부 아이들의 눈빛은 여전히 냉랭했다. 그 가운데 유철이가 화난 표정으로 발언을 할 듯 자리에서 일어서려 했다. 그러자 옆자리에 앉은 명훈이가 유철이의 팔을 잡아 다시 앉게 했다. 유철이는 가만히 있으라는 듯 고갯짓을 하는 명훈이의 진지한 표정을 살피더니 가만히 숨을 고르며 나를 바라보았다.

"유철아, 하고 싶은 말이 있니?"

유철이는 눈치를 살피듯 흘낏 명훈이를 보더니 대답했다.

"아니에요."

시선을 한쪽으로 떨군 유철이의 표정이 여전히 곱지 않았다. 많은 아이들도 두 사람의 행동을 관찰하더니 덩달아 입을 꾹 닫았다. 명훈이가 소리 없이 아이들을 지휘하고 있다고 느꼈다. 나는 누구든 더 하고 싶은 말이 있다면 찾아와서 전해달라고 당부하며 종례를 마쳤다. 그러고는 명훈이를 따로 만나 물었다.

폭넓은 독서로 사고력이 뛰어나면서도 여러 사람의 입장을 두루 살필 줄 아는 명훈이는 우리 반 아이들 사이에서 '지성인'으로 통하는 숨은 리더였다. 그런 명훈이의 진중한 판단력에 많은 아이들이 의지하고 있는 걸 느낄 수 있었다.

"명훈아, 좀 전에 유철이가 말하려는 걸 말리는 눈치던데, 그렇게 한 이유가 있을까?"

명훈이는 침착하게 말했다.

"제가 보기에 선생님은 병건이와 우리에게 진심을 다해 사과하셨어요. 그 정도 성의를 보이셨으니 더 이상 그 일을 언급할 필요가 없다고 생각해요."

"아, 그렇구나. 하지만 유철이는 너와 다른 입장일 수 있지 않을까?"

"유철이는 핸드폰을 마음대로 쓰고 싶어 하는 편이에요. 그러다 보니 핸드폰을 규제하는 것 자체에 불만이 많아요. 아마도 그런 점을 따지려고 했을 거예요."

"아, 그랬구나. 그렇다면 이번 기회에 핸드폰 규정에 대해 의견을 나누는 기회를 가져보면 어떨까?"

"그렇게 마구 이야기를 나누다 보면 선생님의 입장이 어려워질 수 있어요. 많은 아이들이 핸드폰 규제 자체에 불만이 많거든요. 학교에서 정한 규정이니 선생님 마음대로 바꿀 수 있는 것도 아니잖아요."

"아, 나를 보호해주고 싶었구나. 참 고맙다. 그런데 서로 존중하며 대화할 수만 있다면 갈등 상황에 놓였을 때 오히려 서로 다른 여러 마음을 아는 기회가 되리라 믿어. 다행히 나에게는 부족함을 인정할 수 있는 힘이 있어. 다음에 이런 상황이 온다면 아이들의 개별적인 의견을 모두 들어보고 싶어. 감당하기 어려운 처지에 놓인다면 그땐 주저 없이 도와달라고 말할게."

명훈이는 고개를 깊이 끄덕이며 수긍했다. 다음 날 학급 조회 시간에 핸드폰 사용에 대한 학급 내규를 정하는 과정에서 그 어느 때보다 열띤 토론이 이루어졌다. 이후 여러 차례 개정을 거쳐 아이들이 정한 규칙을 자발적으로 지키게 되었다.

우리는 과거 국가적으로도 폭력과 억압이 당연하게 여겨지는 세대에 속해 커온 경험이 있다. 그럼에도 이제 비로소 공식적 폭력이 허용되지 않는 사회를 만들었다. 덕분에 한층 높은 인권의식을 가진 아이들은 여전히 알게 모르게 폭력의 관성을 지닌 어른 세대와 인권감수성의 온도 차이로 혼란을 겪기도 한다.

아이들이 인권침해를 호소할 때 충분히 들으며 민감하게 대처한다면 우리의 인권 감수성도 더불어 성장할 수 있다.

배제와 혐오가 없는 교실

지난 학기 학부모 전화 상담 중 한 어머니께서 이런 말씀을 전해주셨다.

"선생님, 저희 아들이 그래요. '우리 담임 선생님은 한 아이도 빠짐없이 똑같이 존중하고 사랑하셔. 처음에는 나에게만 각별한 줄 알았는데 아이들이랑 친해져서 이야기 나눠보니 모두가 그렇게 느끼고 있더라' 하더라구요."

훈장과 같은 말씀이었다. 아이들 모두에게 개별적인 신뢰를 얻는 가장 효율적인 방법은 공개적 비난을 삼가는 것이다. 자신과 직접 관련된 일이 아닐지라도 다른 친구의 실수나 부족한 행동에 반응하는 교사의 태도와 행동을 통해 아이들은 자신도 존중받는 범위에 있음을 알아챈다.

특히 학업이나 행동발달이 부진한 친구가 교사로부터 존중받는 모습을 볼 때 더 많은 아이들이 안정감을 느낀다. 언제 일어날지 모르는 실수나 오해로부터 집단적으로 비난받을 일이 없다는 믿음에 평화롭고 여유로운 마음을 갖게 되는 것이다. 그런 교실에서는 혐오와 배제로 인한 분쟁이 점차 사라져가고 협력과 공존이 있는 따뜻한 기운이 감돈다.

겨우내 메마른 땅에 농사를 지으려면 갈아엎어 보드라운 흙에 영양과 물을 제공함으로써 넉넉하고 따뜻하게 씨앗을 품어 줄 토양을 가꾸어야 한다. 학교도 마찬가지다. 학기초의 개별면담과 폭로 없는 공감대화로 아이들을 지도하다 보면 자신들의 힘으로 자연스레 커가는 교실 문화를 만들 수 있다. 엄청난 내공과 피나는 노력의 결과가 아니다. 그저 동료 교사나 내 친구에게 그러듯 아이 한 명 한 명을 존중하는 마음으로 대할 뿐이다.

학기초에 고등학교 1학년 학생과의 개별 상담이 진행되던 중이었다. 담임에게 바라는 점이 있느냐는 질문에, 성적이 우수하고 생활 태도도 바른 모범생 수진이가 조심스레 말했다.

"우리 반은 잘못된 행동을 하는 아이들에 대해 지도가 부족한 것 같아요."

"아, 그렇게 보이니? 어떤 경우에 그렇게 느꼈어?"

아이의 지적이 낯설지 않았지만 구체적인 이유를 듣고 싶었다.

"수업 시간에 딴짓을 하거나 도발적인 행동으로 문제를 일으키는 친구들이 분명히 있는데, 선생님께서는 공개적으로 야단을 치지 않으시잖아요. 그 아이들이 나쁜 버릇을 빨리 고칠 수 있을지 의문이 들어요."

수진이는 자칫 어른에 대한 예의에 어긋날까봐 우려가 되는지 나의 표정을 세심히 살피며 말했다.

"공개적으로 야단을 쳐야만 행동의 변화가 있을 것이라고 믿니?"

"네. 아이들은 대개 친구들이 자신을 어떻게 보는지에 민감한 편이라 다른 아이들 앞에서 따끔하게 혼나면 정신이 바짝 들 것 같아요."

아이의 목소리에 점점 힘이 들어갔다.

"아, 그렇다면 나의 지도가 미온적으로 보일 수 있겠구나. 그런데 수업 중 문제행동을 하는 아이의 경우, 내가 가까이 다가가서 조용히 대화하거나 쉬는 시간에 따로 만나기도 한다는 건 알고 있니?"

"네, 알고 있어요. 하지만 문제를 일으킨 친구에 대해 어떤 조치가 취해지는지 저나 다른 친구들도 알 수 있으면 좋겠어요.

대체로 보면, 선생님의 지도를 받은 뒤에도 아이들의 표정이 여전히 편안해 보여요. 보통 그런 상황에서는 기가 죽거나, 아니면 방금 전 혼난 것에 대해 화가 나서 주변 친구들에게 털어놓곤 하잖아요. 그런데 그런 애들이 평상시와 비슷한 표정으로 교실로 돌아오더라구요. 아무런 불이익을 받지 않은 것 같아 부당해 보여요. 그러면 다른 아이들에게 나쁜 물이 들지 않을까요?"

"문제를 일으킨 아이가 지도를 받고도 기죽지 않으면 다른 아이도 덩달아 문제 행동을 하게 되리라고 보는구나. 오로지 교사에게 혼나지 않기 위해 교실 내 질서를 유지하는 아이가 있다면 그런 문제도 생길 수 있겠네. 혹시 모든 아이가 그럴까?"

수진이는 잠시 먼 곳을 응시하며 생각하더니 말했다.

"그건 아니지만 혼나지 않으면 아무래도 규범에서 벗어나려는 애들도 있으니까요."

"음. 그렇게 생각하는구나. 나는 대부분 교사가 주는 불이익보다 친구들과 함께 이루는 공동체 속에서 잘 어울려 지내고 싶어서 규범을 따른다고 보는데, 그 점에 대한 네 생각은 어때?"

"네, 맞아요."

"그럼 대부분의 자발적 참여자와 일부의 타율적 참여자를 명확하게 구분하는 기준이 있을까?"

잠시 가만히 생각하던 수진이가 답을 했다.

"명확하진 않죠."

"선생님은 누구나 선한 노력을 하고 있다는 전제에서, 집단적인 비난을 받지 않도록 개별적 대화를 통해 자발성을 길러주려고 해. 그런 선생님의 지도가 더 적절한 것 아닐까?"

"하지만 늘 문제를 일으키는 몇 명의 친구가 있는 건 사실이잖아요."

수진이는 못내 아쉬운지 조금 불만스러운 표정으로 말했다.

"그렇긴 하지. 혹시 그 아이들이 전혀 변하지 않는다고 느끼는 거니?"

아이는 특정 친구의 이름을 거론하는 게 민망한지 웃음 띤 얼굴로 잠시 대화를 멈췄다. 학기초부터 유난히 학업에 관심이 없고 장난이 심한 두 명을 떠올려 보고 있다고 나 또한 짐작되었다.

"점차 나아지고 있는 것은 사실이지만 선생님께서 공개적으로 따끔하게 지적해주셔서 하루 빨리 나아졌으면 좋겠어요."

"그런 마음도 들겠네. 학습뿐 아니라 태도나 행동도 성공 경험이 많을수록 실수를 만회하려는 의지가 강해지기 마련이거든. 그런데 안 좋은 피드백을 많이 받아온 아이들은 아무래도 성공 경험이 적겠지? 공개적인 비난까지 따른다면 더 많은 좌절이 있을 거야. 청소년기에는 친구들의 공감과 인정이 더 큰 힘이 되는 시기잖아. 문제 행동을 하는 친구를 배제하려는 게 아니라 빨리 성장하길 바란다면 그간 부족했던 긍정적인 경험을 집중적으로 쌓아갈 수 있도록 너도 함께 응원하고 격려하면 좋겠어."

수진이는 결국 수긍하는 태도를 보였다. 그 후로 학급 임원이 아님에도 매사에 솔선수범하며 학습이나 소통이 부진한 친구들의 숨은 조력자가 되어주었다. 몇 달 후 학년 말 소감문에서 수진이는 다음과 같이 적었다.

'우리 반은 모두 서로를 존중하고 배려하는 참 좋은 친구들이다. 예전에는 주로 성적관리에만 집중하느라 학교생활이 무척 고달프기도 했는데, 올해는 친구들과 많은 대화를 나누며 깊은 우정을 쌓을 수 있어 가장 행복한 시간이었다.'

갑자기 닥친 코로나 시대에 새로 전입한 학교에서 나는 중학교 2학년 담임을 맡았다. 그 한 해에도 우리 교실은 언제나 젖과 꿀이 흐르는 따사로운 초장 같았다. 아이들이 기회만 있으면 집에 가서 '우리 반 분위기 참 좋다'고 자랑을 늘어놓는 바람에 학부모들로부터 높은 신뢰와 넘치는 응원을 받았다. 사회적으로는 교사에 대한 불신과 반감이 많지만 여전히 많은 학생들에게 교사는 절대적으로 존경받는 존재이다. 그 아이들에게 있어 교사의 태도와 행동 하나하나가 사회적 관계에 대한 교과서이

자 제도가 된다.

상황을 정확하게 파악하기도 전에 일단 광장에 던져놓고 물고 뜯는, 그런 공포스러운 야만적 배제와 혐오 문화를 부디 우리 아이들에게 물려주고 싶지 않다. '일벌백계'라는 말은 살아남는 것만이 능사인 야만적인 강압 사회에나 어울리는 말이다. 효율적인 지도라는 미명 하에 가정과 학교에서 여전히 개인의 인권을 무시하는 즉각 폭로로 시대착오적 교육을 하는 것은 아닌지 돌아볼 필요가 있다.

이제 우리는 국가의 폭력이 허락되지 않는 민주주의 사회를 살아가고 있다. 여기서 한발 더 나아가 민주주의가 가정, 학교, 직장의 일상으로 속속들이 스미길 원한다면 먼저 사회의 가장 보편적인 약자이자 우리의 미래인 아이를 양육하는 태도부터 세심히 살펴야 한다. 아이들의 교실은 머지않은 우리의 미래 사회이기 때문이다.

아직 어려도 많이 부족해도
아이들은 혼자 힘으로
자신의 속도와 방법으로 성장하고 싶어 한다.
아이가 스스로 살아갈 힘을 기르길 바란다면
아이의 말에 판단을 멈추고
아이의 행동을 함부로 평가하지 않고
마주한 순간의 마음을 끝까지 물어라.
'아, 그렇구나'라는 공감이 이루어지는 순간
기적같이 끈끈한 연대가 형성된다.

4

자신을 믿어준다고 느낄 때

거세당하는 주인의식

거의 모든 고등학교의 학부모대표회는 학업에 유능한 아이들의 어머니로 구성되는 경우가 많다. 지역이나 학군의 차이는 있겠지만 일반고 3학년 기준 80퍼센트 이상의 학교 수업 포기자들의 목소리는 학교 안에서 흔적 없이 지워지고 있다. 죽은 시민사회는 철저한 대입 경쟁 체제의 고교 3년 과정을 거치며 이렇게 본격적으로 시작된다.

몇 해 전 한 고등학교 재직 시절의 이야기다. 신학기부터 고3들의 하루 첫 수업이 시작되기 전에 한 시간의 자율학습 시간이 진행될 예정이라는 통보를 받았다. 놀란 나는 교장실을 찾아갔다.

"교장 선생님, 갑작스러운 0교시 지시에 무척 당황스럽습니다. 정규 교육과정이 아닌 데다 도교육청의 9시 등교방침에도 역행하는 일인 만큼 당사자인 학생과 교사들이 함께 의논하여 결정해야 할 문제가 아닐까요?"

그러자 교장은 격하게 분노하며 따지듯 말했다.

"다른 교사들은 아무도 문제 제기하지 않는데 도대체 왜 선생님이 나서서 반대하는 건가요? 학생과 교사들에게 물었다가 반대 의견이라도 나오면 그때는 나더러 어쩌라는 거죠?"

"반대 의견이 나올까봐 걱정하셨군요. 저는 그저 찬성과 반대의 입장을 말하기 앞서 기존에 없던 0교시에 참여하게 될 당사자들의 의사결정권을 존중해 달라는 말씀을 드리는 겁니다. 묻지도 않고 일방적으로 동원하는 것보다, 묻고 나서 서로의 요구와 형편을 절충해 나가는 게 맞지 않을까요?"

교장도 물러서지 않았다.

"우리 학교 선생님들은 다들 착해서 학교가 결정하면 무조건 따릅니다. 선생님들이 강력하게 지도하면 아이들은 결국 따라가게 돼 있고요. 의견을 묻는다면 순순히 찬성하는 학생과 교사가 얼마나 있겠습니까? 학부모회의 오랜 요구를 거부할 수 없어 강행한 것이니 그렇게 못마땅하면 선생님이 직접 나서서 학부형들과 대화해보세요."

교장의 요구대로 내신성적 1~2등급을 다투는 성적 우수 학생들의 어머니로 구성된 십여 명의 학부형들과 만났다. 한 명의 교사가 반대하고 있어 진행에 어려움이 있다는 학교 측의 설명을 들은 학부모회 어머니들의 눈빛은 첫 만남부터 무척 싸늘했다.

"선생님, 주변의 많은 고등학교가 비공개적으로 0교시를 운영하고 있습니다. 우리 학교만 운영하지 않으면 대입 경쟁에서 불리해집니다."

학부모회 대표 어머니는 내 얼굴을 보자마자 불쾌한 표정으로 말했다.

"네, 어머니, 불안한 마음이 들 만합니다. 하지만 많은 아이가 새벽 한두 시까지 학원과 독서실에서 공부를 하고 있습니다. 그런 아이들을 한 시간 앞당겨 등교시키는 것은 너무 잔인하게 느껴집니다."

학부모 대표와 나의 대화를 듣던 다른 한 명의 학부형이 답답하다는 듯 말했다.

"학교 내신이 1~2등급이라 해도 수능을 잘 보지 못하면 상위권 대학 진학이 어려운 상황에서 이것저것 다 따지고 어떻게 대학에 가나요?"

우리 학교 아이들의 사정을 잘 알기에 나도 일면 공감하는 입장에서 말했다.

"아이들이 수능에서 최저점을 맞추지 못할까봐 염려하는 마음이 드시는군요. 하지만 1년 내내 수면 부족을 겪으며 체력 관리가 안 되면 오히려 수능에서 불리할 수 있습니다. 더군다나 파행적으로 증가한 학교 일정으로 몸이 약하거나 공부 동기가 적은 많은 아이들이 학교생활 자체에 부적응하는 상황에 놓이고 있고요."

급히 나의 뒷말을 자르듯 학부모 대표가 다시 나섰다.

"여기 모인 어머니들의 자녀는 대학 입학에 대한 목표의식이 뚜렷해서 아무리 힘이 들더라도 해보겠다고 했습니다."

"아, 그렇군요. 그렇다면 희망하는 아이들과 교사로 아침 자율학습반을 구성하여 운영하면 어떨까요?"

이미 학교장에게 요구했다가 거부당한 나의 대안을 조심스럽게 다시 내놓았다. 그에 대해 다른 한 명의 어머니가 이견을 드러냈다.

"아이들에게 선택권을 주면 참여하지 않겠다는 아이가 많을 게 뻔해요. 그러다 보면 의지가 강했던 아이들도 참여하지 않는 아이들의 영향을 받아 흐지부지되기 쉽고요. 모든 아이가 일제히 등교해야만 이를 당연한 일로 여길 수 있지요. 그래야 능률도 오르고요."

"0교시에 참여하겠다는 아이들의 의지를 끝까지 이어가기 위해, 희망하지 않은 아이들도 자리를 지켜주기 바라시는군요. 그런데 사실, 고3 교실의 반 이상의 아이들이 여덟 시간의 정규수업만으로도 괴로움을 느끼며 근근이 버티는 실정입니다. 대부분 엎드려 있거나 미인정 조퇴 등으로 중도 이탈도 많습니다. 0교시까지 운영을 강행하면 기본적인 학교생활마저 부적응하는 학생이 더 많아질 겁니다."

그때 한 어머니가 울먹이듯 말했다.

"그런 아이들을 위하는 선생님의 마음은 잘 알겠습니다. 하지만 선생님은 공부 잘 하는 아이들의 고충은 외면하고, 공부 안 하는 아이들 편만 드시는군요. 성적이 우수한 아이들이 얼마나 힘들게 살아가고 있는지는 아시나요?"

나 또한 울컥하는 마음을 지그시 누르며 말했다.

"네, 어머니 말씀이 맞습니다. 저도 성적이 우수한 아이들의 고충을 그 누구보다 잘 알고 있습니다. 시험 불안으로 잠 못 드는 아이, 잠을 쫓으려 각성제가 든 음료수를 자주 마셔 만성 두통에 시달리는 아이, 공부를 해도 해도 자신이 못나 보인다며 수시로 우울감을 호소하는 아이, 모두 최근에 저와 상담한 상위권 아이들입니다."

나는 숨을 잠시 고른 후 다시 이야기를 이어갔다.

"과연 강제로 붙잡아두는 식으로 공부시간을 확보하면 이 아이들의 고통이 줄어들까요? 어머니들께서는 무엇 때문에 상위권 대학 진학을 위해 애쓰고 계신가요? 아이들이 사회에서 존중받고 차별받지 않기를 바라는 마음 아니신가요? 그런데 성적이 우수한 아이들은 명문대 입시라는 족쇄에 채워져서, 성적이 저조한 아이들은 학교생활을 통해 반복되는 실패감으로 낮은 자존감을 형성하고 있어서, 결국 다들 스스로의 건강과 휴식권을 주장하지 못하고 있습니다. 과연 상위권 대학에 진학하게 되면 어머니들께서 원하는 당당한 사회인이 될 수 있을까요?"

날카로운 눈빛으로 일제히 나를 경계하던 어머니들이 하나 둘 시선을 거두어들였다. 나는 온 마음을 실어 떨리는 목소리로 말했다.

"제가 학교의 일방적 결정에 불복하여 의견을 내는 것은 우리 아이들로 하여금 이 사회에서 당당하게 자기 목소리를 낼 줄 아는 민주시민으로 기르기 위함입니다. 1등급부터 9등급까지 모든 아이가 저마다의 형편에 맞게 스스로의 권리를 지켜갈 수 있도록 가르치고 싶습니다."

대화를 주도하던 학부모 대표가 긴 한숨을 내쉬었다. 나는 다시 말을 이어갔다.

"그러기 위해서는 지도자인 교사부터 자신의 목소리를 낼 수 있어야 합니다. 노예가 어찌 주인을 기를 수 있겠습니까? 상위권 대학을 나와 남들이 부러워하는 직장에서도 과로로 치명적인 질병을 얻거나 사망하는 일이 허다한 사회입니다. 부디 건강한 민주시민을 기르는 교사들이 될 수 있도록 의사결정권을 존중해주시기 바랍니다."

어머니들의 표정은 숙연했다.

고등학교에 근무하는 동안 책상 위에 엎드린 채 어둠 속 좀비 같은 존재가 되어버린 아이들의 등을 봐야 했던 나는 교사로 존재함에 있어 매일 지옥 같은 고통을 느꼈다. 이미 고교 체제에 익숙해진 주변의 많은 이들은 내 마음에 공감하지 못했다. 대체로 "지가 공부하지 않는 걸 어떻게 해?"라며 아이들을 탓하곤 했다. 이 지경까지 이르렀으면 이제 수많은 아이가 공부를 포기하는 이유에 대해서도 궁금해할 필요가 있다.

10프로의 좁은 문이 존재하는 사회라는 것을 아이들은 모를까? 누가 들어가고 누가 나가떨어지든 이미 90프로의 낭떠러지를 만들어놓은 선발 체제임을 아이들이 과연 모를까?

교육개혁이 시급하다. 낭떠러지가 있는 사회, 누구나 긴장과 불안으로 스스로와 자녀를 채찍질하게 만드는 이 지옥 같은 사회를 아이들에게 이대로 물려주고 싶지 않다. 학교에서 학업성적으로 변별하여 서열을 짓는 한 이 지옥은 끝나지 않는다.

얼마 전 중학교 1학년 수업 지도 중 '서점에서 문제지 다섯 권을 산 고3 남학생이 학교 주변 공원에서 스스로 목숨을 끊은 사건'에 대해 한 아이가 질문했다.

"선생님, 그 사람은 왜 문제지를 산 직후에 죽음을 선택했을까요?"

보도로 밝혀진 바가 없어 추측을 말해보았다.

"글쎄요. 나도 그 점이 궁금했어요. 혹시 문제지를 사고 보니 해내야 할 양이 너무 많아 버거웠을까요?"

그때 다른 한 아이가 말했다.

"수험서로 대신 상징해서 말한 건 아닐까요?"

아이의 말에 나는 정신이 번쩍 들었다. 의사 표현의 자유조차 서열화된 우리 사회의 문화 속에서 자신의 마음을 비언어로 말하는 데 더 익숙한 일반적인 십대 아이들의 특성을 단적으로 보여준다고 느꼈다.

'눈물도 말'이라는 표현을 들었다. 교실에서 엎드린 아이의 뒷모습도 부모와 교사와 사회를 향한 아이들의 간절한 말이다. 누군가는 다양한 방식으로 전하는 아이들의 마음을 읽을 줄 알아서 부디 이 사회에 전해주길 바란다. 그런 의미에서 나는 그 누구보다 공감이 필요한 우리 아이들의 말을 생생하게 전하고 싶다.

큰 시각으로 보면, 사회의 구조적 모순을 바라보기 힘든 어린이와 청소년의 입장에서는 비정상 교육의 폐해를 모두 자신의 잘못으로 인식하여 죄책감으로 축적할 수 있다. 이미 상당 비율의 실패자를 담보한 비정상 경쟁교육 체제로 인해 소중한 우리 아이들이 자기 존엄을 의심하고 해치지 않도록 사회의 변화가 필요하다.

'현대사회의 노예는 누구인가'라는 논술시험 문제에 '현대사회의 노예는 나다. 명문대 입학을 바라는 부모의 욕망에 의해 하루 열두 시간이 넘는 공부 노동에 시달리고 있기 때문이다'라는 아이의 글을 읽으며 가슴이 미어졌다.

오늘의 아이들은 열두 시간이 넘게 책상머리 공부에 시달리며 주인의식을 거세당한 죽은 시민으로 자라고 있다. 얼마나 많은 아이들이 죽어야 바뀔 것인가? 통렬히 묻고 싶다.

믿는 만큼 자라는 아이들

실시간 쌍방향 온라인 수업 중에 일어난 일대 다수의 갈등 상황을 담은 이야기다. 막 중학교에 입학한 아이들은 과목별 다른 교사를 만나는 변화를 신선하게 받아들인다. 한편 교사별 다양한 질서를 동시에 받아들이는 과정에서 겪는 긴장이나 부적응도 피할 수 없다. 그로 인해 친구들에 대해 너그럽지 못한 반응을 보이기도 한다.

과도한 안전 욕구로 인해 자신의 행동을 최대한 억압하는 가운데서 누군가의 문제 행동이 느껴지면 교사에게 이르거나 직접 비난을 퍼붓기도 한다. 실시간 화상회의 수업에서 채팅으로 이루어진 집단 비난은 글로 남기에 충격이 적지 않았다. 하지만 그만큼 아이들에 대해 강렬한 궁금함이 생겼다.

온라인 수업 초기였다. 많은 아이들이 아름다운 음악을 들으며 잠시 감상에 젖어 있었다. 그런데 갑자기 마이크를 켠 신영이의 질문으로 분위기가 급히 전환됐다.

"선생님, 여름방학이 언제죠?"

순식간에 십수 건의 공개 채팅 글이 주르륵 올라왔다.

– 아, 쟤 또 뭐래?

– 분위기 박살!

– 신영이 눈치는 도대체 어디로….

– 어느 별에서 왔니?

한편 학급 반장인 주아는 '한꺼번에 여럿이 뭐 하는 거야? 안 부끄럽냐?'라는 항의 글을 올렸다. 그러자 '오~ 훌륭한 어.린.이!', '네네, 선생님!'과 같은 비아냥거리는 글이 올라왔다. 주아는 '제발 멈춰. 너무하잖아!'라는 글을 보냈다.

이때 불쾌한 표정으로 보고 있던 세정이는 내게 비공개 글을 보내왔다.

– 선생님, 채팅을 금지시켜 주세요.

참여한 십수 명의 아이들이 서로를 노려보듯 냉랭했다. 사태를 파악한 나는 아이들 저마다의 상황을 알고자 마이크를 켜고 말했다.

"여러분, 방금 여러 친구가 동시에 서로 다른 입장을 표현했어요. 모두 마음이 복잡할 거예요. 지금부터 현재의 자기 마음을 내게 비공개로 보내보세요."

그러자 아이들의 채팅 글이 올라왔다.

– 신영이는 자주 엉뚱한 질문을 해서 짜증이 나요.

– 주아 말도 맞지만 신영이는 정말 너무해요.

– 한 명한테 여럿이 심한 말을 하니 한심해요.

거의 모든 아이가 자기 마음을 표현했다. 신영이도 글을 올렸다.

– 좋은 음악을 들으니 방학 때 하고 싶은 일이 떠올라 질문했는데 갑자기 채팅이 막 올라왔어요. 아이들이 이런 걸 싫어하는구나 하고 느꼈어요. 그런데 한 친구는 '신영아, 당황했겠다. 내가 대신 사과할게'라고 비밀 채팅을 보내주기도 했어요.

나는 이름을 밝히지 않고 내게 온 글들을 읽어주며 '아, 그런 마음이었군요'라고 반응했다. 그러고 나서 다시 말했다.

"이번엔 나와 다른 입장의 친구를 한 명 정해 그 마음을 떠올려보세요."

잠시 이어진 침묵 뒤에 채팅이 올라오기 시작했다.

– 신영이가 무척 당황했을 거예요.

– 주아는 아이들의 비꼬는 말투 때문에 더 화난 거 같아요.

– 이렇게 여럿이 한꺼번에 비난할 일인가 싶었어요.

여러 글을 읽어준 후 물었다.

"같은 상황으로 돌아간다면 어떤 행동을 하게 될지 말해줄래요?"

"'신영아, 그런 질문은 수업 마치고 하는 게 어때?'라고 말해줄 것 같아요."

"채팅하기 전에 상황을 더 지켜보게 될 것 같아요."

역시 많은 아이가 의사를 표현했다. 나는 다시 말했다.

"여러분 모두 그럴 만한 이유가 있었네요. 다만 지금처럼 서로의 마음을 궁금하게 여긴 뒤 표현했다면 어땠을까 싶네요. 만일 적절히 표현하기 어렵다면 먼저 선생님의 대응을 지켜봐주길 바라요. 나는 어떤 상황이든 드러낸 여러분 각자의 마음을 존중할게요. 어때요, 믿음이 가나요?"

아이들이 고개를 크게 끄덕이며 미소를 지었다.

"혹시 지금 어떤 마음인지 말할 수 있는 사람, 채팅 남겨줄래요?"

나의 질문에 주아가 채팅을 남겼다.

– 한꺼번에 여럿이 한 친구를 비난하니 잔인하게 느껴졌지만 결국 저도 그 친구들을 똑같이 공격적으로 대한 것 같아요. 이제 두 입장이 다 이해되어 친구들에 대한 실망감이 사라졌어요.

"그랬군요. 참 귀한 마음을 나눠주어 고마워요. 오늘 일은 모두가 서로에게 입체적 공감을 통해 평화롭게 대화할 수 있는 소중한 배움의 기회를 주었어요."

화면 속에 어깨가 으쓱 올라간 위엄 있는 중1 민주 시민들의 눈빛이 강 물결에 비친 봄 햇살처럼 눈부시게 반짝거렸다.

예전의 나라면 어땠을까? 일단 다수로부터 공격받은 한 아이의 입장에 서서 비난하는 아이들을 꾸짖었을 것 같다. 그런 경우 대체로 교사 앞에서는 고개 숙이고 반성하지만, 꽤 많은 아이들이 보이지 않는 곳에서 보복하거나 은밀한 방법으로 괴롭

힘을 시도하곤 한다. 그러나 모두의 마음을 궁금해하고 알아주자 저마다의 화를 다스리며 가장 합리적인 방향으로 생각했다.

누구보다 큰 변화는 신영이에게 있었다. 수업마다 머리가 흐트러진 채 산만하고 느닷없는 발언으로 주의를 끌던 아이가 어느 결에 안정되고 당당한 모습으로 수업에 참여하게 되었다. 마음을 묻는 그 한 가지 습관이 주는 교실의 변화가 놀랍다. 이 경험을 전하면 많은 이가 아이들의 지속적인 변화를 믿기 어렵다고 말하기도 한다.

아이들은 자신을 대하는 상대의 눈높이만큼 성숙한 태도를 보인다. 누군가에게 구제 불능 통제 대상에 불과한 아이도 믿어주는 어른 앞에서는 의젓한 어깨동무가 되어준다. 아이를 둘러싼 모든 어른이 믿는 태도를 보인다면 아이는 두루 안정감을 지닌 성숙한 인격을 형성하게 될 것이다.

한 가지 상황을 바라보는 아이들의 각기 다른 마음에는 저마다 이유가 있다. 함부로 평가하지 않고 믿으며 듣고 나누는 한 사람이 있다면, 아이들은 갈등 속에서도 급물살을 타듯 성장한다.

소식이 닿지 않는 스승에게

해마다 스승의 날이면 어김없이 서울 양천구 소재 백석중학교 3학년 재학시절, 담임 교사였던 심금숙 선생님이 떠오른다.

그녀는 첫 수업을 "자, 누구 나와서 '나'를 자랑해보세요!"라는 말로 열어서 일명 '4차원'으로 통했다. 때 묻지 않은 아이들이 그리 받아들였으니 동료사회 속 외로움도 적지 않았을 것이다.

80년대의 학창시절을 떠올려 보면 엄한 훈육을 통해 최대한 아이들의 기를 꺾어야 한다는 풍토가 짙었다. 그 속에서 아이들에게 저마다 지녀야 할 소중한 존재의식을 귀히 여기며 길러주고자 한 그녀의 교육 철학은 당시로서는 생경했을 것이다.

1987년 중학교 3학년 초가을, 진학 상담을 위해 교실에 남은 나에게 심금숙 선생님께서 물었다.

"선희야, 넌 꿈이 뭐니?"

내게는 '꿈'이라는 단어가 왠지 과분하게 여겨졌다. 다만 가장 가까이서 볼 수 있는 교사들을 통해 대학에 대한 막연한 동경이 있었다.

"저는 대학에 가고 싶어요. 그런데 부모님은 낮에 일을 해서 학비를 벌어야 하니 야간 상업고등학교에 가라고 하셔요."

가정형편을 고려하지 않는 철없는 희망을 한심하게 여기면 어쩌나 싶어 나는 지레 선생님의 눈치를 살피며 말했다.

"그렇구나. 대학에서 어떤 분야를 배우고 싶니?"

염려와 달리 선생님은 편견 없이 대화를 이어갔다.

"음악을 전공하고 싶어요."

"음악은 배워봤니?"

"그냥 어려서부터 노래 부르기를 좋아했어요."

"그래, 그럼 고등학교 진학은 어떻게 하고 싶니?"

"게시판에 붙은 학교 소개를 보니 국립국악고등학교라는 곳이 있더라구요. 전원 국비 장학금을 받는다니 등록금 걱정 없이 다닐 수 있을 것 같아요."

"국악을 배워본 일은 있니?"

"네, 6학년 때 학교에서 단소와 장구를 배웠어요."

그녀는 깊은 눈매로 경청하며 세세히 물었다.

"그랬구나. 그 정도면 입학시험을 통과할 수 있는지 궁금하네. 그런데 국악 공연을 실제로 본 적은 있니?"

"아니요."

이어지는 선생님의 질문에 답하다 보니 그간 홀로 키워온 진학 계획이 너무 막연했다는 걸 깨달았다. 비현실적이라는 비난을 받을까봐 불안한 마음도 들었다. 그러나 선생님의 반응은 뜻밖이었다.

"나는 무엇보다 네가 국악을 얼마나 좋아하는지가 궁금해. 평생 걸을 길인데 학비 때문에 어쩔 수 없이 선택한다면 안타까운 일이지."

며칠 후 선생님은 나를 불러 물었다.

"이번 주 토요일에 시간 있니?"

"네."

"그럼 나와 국립극장에 가보자. 공연 티켓을 구했어. 바로 옆에 국악고등학교가 있다고 하니 함께 탐방해보는 것도 좋겠어. 어때?"

생각지 못한 선생님의 제안에 떨 듯이 기뻤지만 미처 내색하지 못하고 담담히 대답했다.

"네, 감사합니다."

예정한 날, 설레는 마음으로 단정히 꾸민 뒤 선생님을 만났다. 국립국악고등학교 앞에서 선생님은 내 눈을 보며 힘주어 말했다.

“어깨 쫙 펴고 네가 얼마나 괜찮은 아이인지 보여줘.”

선생님은 마치 학부모인 양 당직 근무 중인 한 교사에게 이모저모를 물으며 입학 전형을 꼼꼼히 확인하고는 극장으로 향했다.

다채롭게 구성된 공연은 매우 만족스러웠다. 관람을 마친 후 선생님은 물었다.

“국악 공연을 직접 보고 나니 어때?”

어른의 눈을 바로 보지 못하던 내가 그때만큼은 간절한 눈빛으로 답했다.

“마음에 들어요. 꼭 전공하고 싶어요, 선생님.”

“그래, 그럼 이제부터 열심히 준비해보는 거야.”

선생님은 친한 음악 교사에게 입학 전형 중 하나인 시창, 청음의 지도를 부탁했다. 일주일에 한 번 방과 후 음악실에서 실기 시험을 준비하는 나와 음악 교사를 위해 차와 간식을 내어주기도 했다. 시험 당일 긴장감에 몹시 떨렸지만 내가 얼마나 괜찮은 아이인지 보여주라던 선생님의 힘찬 음성을 기억하며 자신 있게 응했다.

선생님은 남은 학기 동안 공장에 다니며 교복과 교통비를 벌

수 있도록 결석을 허락하기도 했다. 끼니도 제대로 챙기기 힘든 극빈 가정의 다섯 남매 중 차녀였던 내 사정을 훤히 알면서도 꿈을 실현할 수 있도록 묵묵히 지지해준 것이다. 수십 년이 지났지만 여전히 노래 〈스승의 은혜〉 중 '스승은 마음의 어버이시다'라는 대목에서는 늘 선생님이 떠올라 울컥 목이 메곤 한다. 선생님의 헌신은 '어서 자라서 밥값 하길 바라던' 부모의 한계를 뛰어넘는 절대적 사랑에 가까웠다.

어른과의 관계에서 자신감이 부족했던 나는 2년 후 같은 중학교 출신의 밝고 명랑한 두 후배의 성화로 모교를 방문해 선생님을 뵐 수 있었다. 숫기가 없어 다정한 감사 인사 한마디 못하는 어리숙한 나를 함박꽃처럼 환하게 반기며 칭찬하고 동료들에게 자랑하듯 소개하시던 선생님의 모습이 지금도 선하다. 선생님의 뒤를 따라 걸어온 교사 인생 27년을 돌아보니 여실히 짐작된다. 누가 알아주거나 말거나 확고한 신념을 지키며 교육의 본질을 지키려 했던 그 길이 때로 얼마나 외롭고 힘겨웠을까.

무한 경쟁 체제에서 물질보다 더 극한 마음의 결핍을 겪는 이 시대에 과연 교사가 해야 할 역할은 무엇일까? 아이가 맞이할 각자도생 사회의 유일한 밧줄이 되어주느라 불안한 부모의 성취 요구에 맞춰 덩달아 고삐를 바짝 죄어야 할까? 아니면 결코 해소하기 힘든 생계의 안정 욕구에서 한 발 떨어져 '네가 얼마나 괜찮은 존재인지'를 확인시켜줄 든든한 어른이 되어주어야 할까?

심금숙, 선생님.

당신은 교육을 오로지 생계의 수단으로 여긴 척박한 시절에도 행복을 추구하는 존엄한 한 존재로 저를 대해주셨고, 수십년을 뛰어넘는 미래사회를 살게 해주셨습니다. 교육자로 살아가는 일이 고단할 때마다 소식이 닿지 않는 당신에게 길을 물으며 아이들에게 더 나은 미래를 열어주는 교사가 되고자 긴밀히 소통하고 있습니다. 어느 곳에 계시든 늘 건강하고 평안하시길 기도드립니다.

부디 누가 뭐라 해도 교사는 아이들에게 그 자체로 복지사회요, 제도가 될 수 있는 위대한 존재임을 기억하기 바란다.

교사는 아이들의 질문을 먹고 자란다

신영이의 돌발적인 질문으로 집단적인 비난이 이어졌다가 입체적인 공감으로 풀어간 수업의 바로 다음 시간 이야기다. 신영이네 반은 다른 반에 비해 경쟁심이 강하고, 시기와 질투도 심한 분위기였다. 여러 교사가 수업 중 아이들 간의 갈등으로 곤욕스러운 상황을 겪었다고 했다. 더군다나 주의산만하고 친구 관계에 어려움을 느끼는 신영이로 인해 담임 교사가 신경 쓸 일도 많았다.

언젠가 실시간 화상회의 프로그램으로 음악 수업을 했는데, 온라인 교과방에 과제 올리는 법을 설명하고 있던 중의 일이다. 일반적으로 도중에 궁금증을 못 참고 질문하는 아이가 종종 있어 완급을 조절하기도 한다. 그날은 모든 아이가 마치 정지화

면처럼 뚫어질 듯 나를 바라보고만 있었다. 10여 분 동안의 설명을 마치고 궁금한 점이 있는지 물었지만 아무도 질문을 하지 않았다. 그때 한 아이가 비공개 채팅을 보내왔다.

– 선생님, 제가 질문했다는 사실을 다른 아이들이 모르게 파일명 다는 법을 다시 알려주세요.

나는 요구한 대로 세심히 답해주었다. 이어서 아이들에게 다음과 같이 말했다.

"지난번 수업으로 인해 여러분이 질문하는 것에 부담을 갖는다고 느껴져요. 맞나요?"

아이들은 부정하지 않는 눈빛을 보냈다.

"만일 여러분이 나를 친절한 교사라고 느낀다면 그것은 내가 질문을 사랑하는 교사이기 때문이에요. 내 수업에서는 질문의 수준에 높고 낮음이 없어요."

아이들이 눈을 동그랗게 뜨고 이어지는 내 말에 집중했다.

"이미 설명한 것을 물으면 '내 설명의 방식이 맞지 않은 친구가 있구나. 이번에는 다른 방법으로 설명해보자', 여러 번 이야기한 것을 또 물으면 '이 수업에 집중하기 어려운 친구가 참여하고자 하는구나. 충분한 기회를 주자', 미처 생각하지 못한 점을 물으면 '더 많은 것을 알려줘야겠구나', 현재 상황에 맞지 않는 질문에는 '그 친구가 지금 어떤 상황에 놓여 있는지 궁금한 마음을 전해보자' 등… 이 수업 속에 공존하는 다양한 친구의 상황과 마음을 알게 해주거든요."

묵묵히 듣는 아이들, 눈에 띄게 고개를 끄덕이는 아이들의 눈을 깊이 바라보며 진심을 다해 나의 생각을 전했다.

"무언가를 궁금하게 여기는 마음은 우리 사이를 서로서로 이어주기도 하고, 더불어 더 넓은 세상과 닿게 해주기도 해요. 선생님은 여러분의 질문을 먹고 성장하는 존재예요. 부디 아끼지 말고 계속해서 나와 친구들의 생각을 키워주세요."

아이들의 표정이 숙연해졌다. 그때 신영이의 마이크가 켜졌다.

"선생님, 아까 과제물을 어디에 올리라고 하셨죠?"

나는 반기는 목소리로 답했다.

"아, 헷갈리는구나. 그렇다면 화면을 공유해서 다시 설명해줄게."

더욱 다정한 목소리로 친절하게 설명한 후 말했다.

"신영아, 내가 그 어떤 질문이든 사랑한다고 방금 말한 것을 전적으로 믿어줬네. 이렇게 바로 소리 내어 질문하니 참 고마워. 네 덕분에 이미 이루어진 설명이라 질문하기 어려웠던 다른 친구도 도움을 받았을 거야."

그러자 갑자기 여기저기서 마이크가 켜지며 질문이 쏟아졌다. 첫발을 성큼 뗀 신영이를 보며 다른 아이들도 과도한 긴장으로부터 놓여난 것이다. 아이들의 눈빛에 가득한 호기심과 힘찬 존재감이 번뜩거렸다.

이후로 전투에 임하듯 각박했던 아이들의 마음은 점점 부드러워졌다. 순수하게 마음을 드러내는 신영이로 인해 자신을 향한 날카로운 시선을 거두는 게 느껴졌다. 이후 신영이가 발언하거나 질문할 때면 아이들의 눈빛에 각별한 관심과 호기심이 비쳤다.

가장 반가운 것은 많은 아이가 신영이와 자연스럽게 관계를 맺어가고 있다는 점이다. 갈등 요인이 많았던 만큼 공감의 따스한 바람이 스밀 틈도 많았던 신영이 반은 그 어떤 반보다 역동적인 공동체 성장 과정을 보여주었다.

호기심은 배움의 원동력이다. 아이의 질문을 수용하기 어려울 만큼 수업이나 어른의 삶이 빠듯하다면, 하던 일의 양을 대폭 줄여서라도 되도록 질문을 반기며 응답하기 바란다.

서로 다른 생각들이 모인 교실

내 수업은 아이들이 듣고 싶은 곡을 설문으로 받아 목록을 구성한 뒤 반별 디제이가 선별하여 오프닝 음악을 미리 준비한다. 그래서 수업 중에 추천자가 곡을 소개하고 함께 감상하는 것으로 수업을 시작한다. 그러던 어느 날 온라인 화상 수업 중 형규로부터 항의 채팅이 올라왔다.

– 선생님, 미성이가 제 신청곡을 무시해요!

한편 디제이 미성이는 미리 준비하느라 애쓰는 자신의 수고는 몰라주고, 어차피 한 번씩 기회가 돌아올 텐데 이를 기다리지 못해 원망하는 형규가 어리석게 느껴졌다. 이를 지켜보던 아이들이 채팅으로 여러 의견을 보내왔다.

– 선생님, 그냥 번호순으로 돌려요.

– 이제부터 디제이는 선생님이 직접 해주세요.

– 설문에 응답한 순으로 들려주기로 해요.

나는 모두의 의견을 하나씩 경청해보자고 권했다. 그리고 형규, 미성이뿐 아니라 다른 여러 학생들의 의견에 왜 그렇게 생각하는지 일일이 물어보았다. 그러자 한 아이가 채팅을 보내왔다.

– 선생님, 저마다 그만한 이유가 있으니 다수결로 정해요.

그러자 미성이는 마이크를 켜고 토로했다.

“그간 저 나름대로 균형 있는 감상을 위해 최선을 다했는데 갑자기 새로운 방식으로 바꾸자고 하니 서운한 마음이 들어요.”

나는 학기초에 밝혔던 취지를 다시 전했다.

“그런 마음이 들겠군요. 내가 선곡을 디제이에게 맡기는 것은 이유가 있어요. 교사가 직접 진행하면 여러분이 좋아하는 음악에 대한 정보나 감각이 부족해서 상황에 맞게 적절히 선정하기 쉽지 않아요. 게다가 시종 교사 혼자 주도하는 수업은 여러분의 집중력을 떨어뜨려요. 친구들이 말할 때 더 많은 관심과 흥미가 생긴다는 건 알지요?"

내 말을 진지하게 들은 아이들은 일제히 고개를 끄덕거렸다.

– 그럼 모든 친구가 돌아가며 진행하면 어떨까요?

한 아이가 채팅으로 제안했다. 나는 고개를 끄덕여 동감을 표현하며 덧붙여 말했다.

"좋은 생각이에요. 그러나 부담스러워하거나 깜빡 잊는 친구가 종종 있어서 매끄럽게 진행되지는 않더라고요."

그러자 미성이가 새로운 제안을 했다.

"제가 그날그날 선곡 이유를 받아보고 고르면 어떨까요?"

"그런 방법도 있군요. 여러분의 의견은 어때요?"

나는 반기는 기색으로 아이들의 의견을 물었다.

"그러다 보면 동시에 여러 아이가 신청할 수도 있지 않나요?"

한 아이가 염려스러운 표정으로 말했다.

"그럴 수 있겠군요. 그때는 어떻게 하면 좋을까요?"

나의 질문에 또 한 아이가 의견을 냈다.

"먼저 신청한 친구의 곡을 들어요."

그러자 사려 깊고 성숙한 희주가 물었다.

"그러면 결국 선착순 아닌가요?"

"아, 경쟁적인 분위기가 될까봐 걱정되는 거죠?"

내가 묻자 일부 아이가 끄덕였다.

"어때요, 여러분. 과연 모두에게 한 번씩 고르게 주어지는 기회를 경쟁에서 이기려는 마음만으로 사용하게 될까요?"

나의 물음에 대부분 도리질을 했다. 희주가 내게 채팅을 보내왔다.

– 아, 선생님, 정말 멋지게 해결되어가고 있어요!

이어 내가 덧붙여 말했다.

"다만 아무도 신청하지 않는 날이 가끔 있을 것 같아요. 그때는 어떻게 하고 싶나요?"

아이들은 서로의 반응을 살피며 잠시 침묵했다. 그때 미성이가 말했다.

"제가 한 곡씩 예비로 준비하겠습니다."

수업을 마치기 전에 의논한 내용을 정리해주며 아이들에게 물었다.

"오늘 정한 대로 2주 정도 시범운영을 해보고 문제가 있다면 다시 의논하는 게 어때요?"

아이들은 모두 만족스러운 표정을 지으며 고개를 끄덕거렸다.

"좋아요. 우리가 살아가다 보면 여럿이 함께 공동의 일을 추진할 기회가 생겨요. 서로의 욕구나 의견이 상충하는 경우 힘겨루기를 통해 한쪽이 좌절하거나 양쪽 모두 소진하기도 하죠. 지금처럼 서로의 입장을 충분히 묻고 들으며 조화하는 과정을 경험하는 것은 그야말로 삶을 위한 소중한 공부예요."

우리는 배움의 양이나 수준을 위계적 평가라는 단단한 틀로 제한하는 실수를 겪어왔다. 하지만 이렇게 제한하지 않으면서 함께 출렁이며 걸어가는 이 길의 풍경이 얼마나 다채롭고 아름다운가.

모두가 존중받는 공감이라는 든든한 키를 누군가 꽉 쥐고 있다면 사공이 여럿이어도 배는 산으로 가지 않는다. 오히려 다양한 풍경을 바라보며 더 넓은 바다를 향해 힘차게 나아갈 수 있다.

싫다고 말할 수 있는 용기

몇 해 전부터 내 수업의 좌우명을 '음악은 잘 하는 사람의 것이 아니다. 즐기는 사람의 것이다'로 정했다. 그에 따라 저마다의 형편과 수준에 맞는 연주 능력 향상 프로그램으로 기획한 것이 '나의 연주 레퍼토리 만들기' 수업이었다. 자신의 실력을 남과 비교하지 않고 배우기 전과 후를 비교하여 '내가 지금 무엇을 해냈는지'에 의미를 두어 발전의 원동력을 키우는 수업이다. 각자의 계획에 따라 연습한 결과를 동영상으로 촬영하여 악곡 소개와 함께 공개하고 그에 따른 교사의 질문에 구술로 답하는 활동들이 이어졌다.

수업이 거의 마무리되어 가던 어느 날이었다.

"자신의 연주 영상을 소개한 지금, 마음이 어때요?" "이번 활동을 통해 향상된 점이 있다면?" "가장 만족한 점은?" 등의 질문에 많은 아이가 내 기대에 부응하며 긍정적인 소회를 밝혔다.

"다른 사람에 비해 시시한 곡을 선택한 것은 아닌지 걱정했는데 친구들이 경청하고 응원해주니 뿌듯했어요."

"직접 자료를 구하고 활용해서 처음으로 리코더의 변화음 연주법을 익히니 성취감을 느꼈어요."

"초등학교 저학년 때 학원에서 배웠던 피아노 연주곡을 다시 쳐보니 감각이 사라져서 실망했다가 차차 되찾아 기뻤어요. 앞으로도 이번처럼 계획을 세워 꾸준히 연주하고 싶어요."

"스스로 계획하고 연습해도 실력이 늘 수 있다는 경험을 했으니 악기 연주는 물론이고 앞으로 어떻게 살면 될지를 깨달은 것 같아요."

아이들의 소감을 들을 때마다 설레는 내 마음을 전하며 축제 같은 시간을 보냈다. 하지만 일부의 아이들은 발표를 망설였다. 연주 실력뿐 아니라 소감을 표현하는 능력까지 내심 비교하며 위축된 것이다. 뜻하지 못한 상황으로 새로운 고민이 시작될 즈음 신영이 차례가 돌아왔다.

"저는 재능이 없어서 쉬운 악기와 곡을 찾아 〈나비야〉를 리코더로 연주했어요."

화상회의 화면에 비친 여러 아이들의 입가에 옅은 웃음기가 번졌다.

"애썼네요. 혼자 연습하느라 힘들지 않았나요?"

"아니요… 다섯 음뿐이라 오른손만 쓰니 쉬웠어요."

"아, 정말 그러네요. 연습 과정에서 악곡의 특성도 자연스럽게 발견했군요!"

나는 무심한 표정이지만 소감과 이유를 솔직히 밝힌 신영이의 반응을 반기며 말했다.

점차 웃음기가 사라진 아이들의 관심 어린 표정이 보였다.

"쉽다고 느낀 건 언제쯤이죠?"

"첫 번째 시간에 이미 연주가 잘 됐어요."

"그렇다면 남은 시간에 더 어려운 곡에 도전해보고 싶지 않았나요?"

"…하고 싶지 않았어요."

신영이의 당당한 대답에 아이들의 눈빛이 집중됐다.

"도전하고 싶지 않은 이유가 있을까요?"

"…재미가 없어서요."

미처 예상 못한 반응인지 눈을 크게 뜨는 아이들도 보였다.

"혹시 너무 쉬운 곡이라 재미를 못 느낀 건 아닐까요?"

신영이는 고개를 저으며 말했다.

"아니요. 사실 전… 어려서부터 음악이 싫었어요. 음악은 역시 제 취향이 아닌 것 같아요."

이쯤 되니 화면 속 여러 아이가 서로를 바라보듯 놀라는 표정을 짓기 시작했다.

"아, 그런 자각이 들었군요. 그럼에도 발표에 참여한 이유가 있을까요?"

"해야 하니까요."

나는 환한 미소를 띠며 말했다.

"음, 좋아하지 않는데도 마음이 허락하는 선을 정해서 주어진 기간 안에 동참했군요."

"네, 맞아요."

"듣고 보니 무척 고마운 마음이 들어요. 게다가 선생님의 은근한 권유에 거부 의사를 정확히 표현해줬잖아요. 내가 여러분을 온전히 존중하는 존재로서 신뢰받고 있다고 느껴져서 기분이 좋네요. 덕분에 나는 '좋아하지 않아도 즐겁게 참여할 수 있는 수업'에 대한 새로운 성장 목표를 갖게 되었어요."

어느새 지켜보던 아이들의 어깨가 한결 가벼워진 것을 느꼈다. 발표를 보류했던 아이들이 하나 둘 참여하며 한층 흥겨운 수업 분위기가 형성되었다. 수업 과정에서 일어난 마음을 그대로 말하고 전적으로 격려받는 신영이를 지켜보며 모든 아이가 자기를 드러내는 용기를 배운 것이다.

누군가를 이겨서 얻은 용기는 불안의 또 다른 얼굴일 뿐이다. 자신의 있는 그대로를 수용하는 용기만이 평화롭게 지속 가능한 진짜 용기라 할 수 있다.

아이는 양육의 결과물이 아니다

학업 성공에 대한 집념이 유난히 강한 우리 학교의 특색을 고려하여 그해 중학교 신입생을 대상으로 여러 활동이 계획되었다. 첫 번째 활동은 저마다의 형편, 취향, 수준에 따른 자기주도 연주 능력 향상 프로그램인 '나의 연주 레퍼토리 만들기'였다. 이를 통해 자신의 연주 실력을 다른 사람과 비교하지 않고, 배우기 전과 후를 비교하여 스스로의 발전도를 확인하는 것이다. 그 과정에서 교사와 친구들의 전적인 격려를 받은 아이들은 자연스레 자신감과 도전정신이 길러질 것이다.

다음 주제에 대한 방법을 논의할 때 거의 모든 아이가 경쟁심을 내려놓고 모둠별 협력 활동을 택했다. 이어진 수업은 자신의 연주와 친구의 연주, 또는 음악과 다른 매체를 연결하여 재

구성하는 '나의 음악으로 연결된 같이(가치)' 활동이다. 이 활동에 앞서 나는 다시 한번 강조했다.

"이번에도 역시 결과물의 수준으로 여러분을 평가하지 않을 거예요. 수업이 이루어지는 동안 나와 친구들의 말을 침착하게 경청하는지, 모둠 친구 모두를 존중하는지, 한 친구도 소외되지 않도록 발언이나 참여의 기회를 주는지, 다른 의견이 있는 친구의 말을 끝까지 경청하고 자신의 의견도 적극적으로 전달하는지, 서로의 의견이 고루 반영되기까지 충분히 소통하여 간극을 줄여가는지 등 함께하는 과정을 관찰하고 기록할 거예요. 그 과정을 가장 정확하게 잘 아는 사람은 누구일까요?"

나의 질문을 반기듯 아이들이 자기 몸을 손으로 가리키며 큰 소리로 답했다.

"저 자신이요!"

"맞아요. 자신이 스스로의 행동을 가장 자세히 알겠죠. 그 다음으로는 누가 잘 알까요?"

아이들의 반응이 둘로 나뉘었다.

"선생님이요!"

"모둠 친구들이요!"

나는 양쪽 모두를 향해 고개를 끄덕이며 긍정했다.

"맞아요. 같이 활동하는 모둠 친구들과 선생님이 잘 알겠죠.

선생님도 여러분의 활동상황을 잘 지켜볼 거예요. 물론 모둠 친구들의 의견도 들을 거구요. 그러나 가장 중심에 둘 점은 바로 여러분 자신의 기록이에요. 매 수업마다 자신의 활동상황을 잘 기록해주세요. 그것을 근거로 오로지 활동 과정을 평가에 반영할 거예요. 결과는 전혀 반영하지 않겠어요. 발표는 일종의 뒷풀이나 축제처럼 함께한 친구들끼리 서로에게 결과물을 보이며 즐기는 자리가 될 거예요. 서로를 존중하며 기다려주기 위해 기한을 넘기더라도, 심지어 발표에 참여하지 않더라도 활동 과정에서 '내가 무엇을 했는지, 우리가 무엇을 해왔는지' 자세히 기록했다가 말해주기만 하면 아무런 문제가 없어요."

아이들은 신이 나서 머리를 맞대고 5회차의 수업을 통해 작품을 구상해 나갔다. 5시간 동안 진지함, 밝음, 다정함, 힘참이 고루 잘 어우러진 평화로운 소란함 속에서 아이들도 나도 무척이나 행복했다. 수업이 바뀔 때마다 음악실 손잡이, 스위치, 책상, 피아노 등 손닿는 모든 곳을 소독하느라 화장실 갈 틈도 없이 분주했지만 오로지 과정 중심 평가만을 적용한 첫 번째 교실 실험이 주는 즐거운 역동감에 힘든 줄 몰랐다.

형편에 맞게 작품을 발표하는 과정에서 가장 많이 놀란 것은 모든 아이가 보이는 수업에 대한 애착이었다. 빨리 시작하길 원했고 마치는 종소리를 아쉬워했다. 모든 모둠이 자기 속도에 맞게 발표에 참여했다. 축제 한마당 같은 자리였다.

그런데 진숙이네 모둠의 순서가 되었을 때, 춤과 연주, 노래를 조화한 영상 발표를 앞두고 예상치 못한 상황이 벌어졌다.

"선생님, 저희 모둠 발표 중 제가 춤추는 장면은 건너뛰고 보여주시면 좋겠어요."

갑작스러운 진숙이의 요청에 아이들이 당황하는 표정을 보였다.

"네가 출연한 부분을 보이는 게 싫구나. 이유가 있을까?"

"네, 친구들이 오늘 발표하기 원해서 연습이 부족한데도 제 촬영분을 급히 전했어요. 그런데 어젯밤 편집자가 보내준 완성작을 보니 도저히 공개할 수 없겠어요."

"말도 안 돼. 이제 와서 왜 그러는 거야?"

모둠의 다른 친구들은 어이가 없다는 듯 격앙된 목소리로 항의했다.

"아, 우리 4모둠은 서로 다른 의견을 가지고 있군요. 그렇다면 모둠 친구들과 이야기를 더 나눠보는 게 좋겠어요."

진숙이네 모둠은 발표를 보류하고 다시 만날 시간을 정한 뒤 수업을 진행했다. 점심 식사 후 음악실에 다시 모인 아이들에게 각자의 입장을 차례로 물었다.

제일 먼저 진숙이가 입을 열었다.

"저는 참여하는 내내 제가 맡을 만한 역할이 마땅치 않아 고민이 많았어요."

진숙이 말이 시작되자 곧 모둠장인 혁재와 영상 편집을 맡은 용권이가 '그래서 우리가 구성을 여러 번 변경해가면서까지 끝까지 배려해줬잖아' 등의 비난으로 말허리를 자르려 했다. 그때 나는 아이들에게 말했다.

"하고 싶은 말들이 급히 떠오르는구나. 그런데 우리 모두의 이야기를 충분히 들어볼 필요가 있어서 따로 모인 거잖아. 한 번에 한 명씩 끝까지 듣는 시간을 가져보자. 도중에 의문이 들거나 하고 싶은 말을 잊을까봐 걱정이 된다면 메모를 하면서 듣는 게 좋겠어."

아이들은 다소 누그러진 표정으로 진숙이를 주목했고, 진숙이는 다시 차분하게 말을 이어갔다.

"저는 어려서부터 재능이 부족해서 음악 수업이 늘 힘들었어요. 이번 활동은 모둠 활동인 만큼 어쩔 수 없이 참여해야 한다는 생각에 여러 차례 고민하다가 노래나 연주보다는 춤이 낫겠다 싶어 하기로 한 거예요. 단체 채팅으로 제가 할 일이 결정되면 뭐라고 답을 하기 힘들 만큼 부담이 컸어요. 학원 일정이나 과제가 많아 머리가 복잡한 상황인데도 잠시 시간이 나면 연습을 했어요. 그런데 춤이 너무 어려워서 아무리 노력해도 만족스럽지 않았어요. 마지막 편집 단계라는 용권이의 요청에 급히 촬영해서 보내긴 했지만 완성된 영상 속에서 춤추는 제 모습을 보니 부끄러워서 참을 수가 없었어요. 반 아이들이 그 영상을 보게 된다면 도저히 학교에 갈 수 없겠다 싶었어요."

"저런, 그 정도로 힘들었구나. 노래, 연주, 춤의 음악적 표현이 네게 많은 부담을 준다는 걸 이 친구들에게 솔직히 말해본 적 있니?"

"네, 계획 단계부터 계속 말했어요."

진숙이를 제외한 모든 아이가 약속이나 한 듯 고개를 옆으로 돌리며 실소했다. 특히 혁재는 진숙이의 발언 중 여러 차례 어이가 없다는 듯 혼잣말을 중얼거리기도 했다.

"혁재가 하고 싶은 말이 있어 보이네. 진숙이의 말을 들으니 어떤 마음이 들어?"

"선생님, 솔직히 진숙이 행동이 전혀 이해되지 않아요. 저는 모둠장으로서 주제를 정할 때부터 모두의 의견을 물었고 '노래는 절대 못 한다' '할 줄 아는 악기가 하나도 없다'고 말하는 진숙이를 위해서 예정에도 없던 춤을 넣은 거예요. 그런데 이제 와서 다 된 작품을 발표하지 못하게 하니 어이가 없어요."

진숙이를 위해 안무를 맡고 춤추는 역할을 분담한 아영이가 뒤를 이어 말했다.

"저희 모둠은 진짜 오래 의논했어요. 심지어 수업시간이 부족해 단체 채팅으로 수시로 접속하며 대화했어요. 저희 모두 방과 후에도 수행 과제다 학원이다 엄청 빠듯한데도 책임감 때문에 열심히 의논하고 준비했어요. 그때마다 진숙이는 아예 읽지도 않거나 읽고 나서도 통 반응이 없었어요. 그래 놓고 툭하면 자기만 소외된 듯 불만스러워하며 수차례 결정된 내용을 뒤집게 만드는 거예요."

진숙이를 제외한 네 명의 아이들이 고개를 깊이 끄덕이며 아영이를 지지했다.

"너희들이 정말 애를 많이 썼구나. 방과 후에도 바쁜 시간을 쪼개 힘들게 노력해왔네. 그런데 내 입장에서 궁금한 점이 있어. 내가 이번 활동은 수업시간에만 진행하도록 방과 후의 온오프 모임을 모두 제한한다고 사전에 단단히 주의를 줬잖아. 그것을 지키지 못한 데 무슨 이유가 있을까?"

내 질문에 혁재가 잠시 난색을 표하다가 대답했다.

"처음에는 선생님이 강조하신 대로 수업시간에만 회의와 연습을 해나갔어요. 그런데 한두 시간을 남기고 노래, 연주, 랩으로 작품 구상이 마무리될 무렵 진숙이가 자신이 맡았던 랩을 도저히 해낼 수 없다는 거예요. 고민 끝에 춤을 넣자는 아영이의 아이디어를 모두 받아들여 급히 변경한 내용으로 연습하기로 했거든요. 그러다 보니 어쩔 수 없이 단체 채팅방을 개설한 거예요."

"그래, 뜻하지 않은 변수로 마음이 급해졌구나. 그간 입장이 크게 다른 친구의 상황도 존중하느라 정말 많은 애를 썼네. 그런데 발표 여부에 대해서는 미처 의견 확인이 부족했던 건 아닐까? 끝내 의견이 좁혀지지 않으면 더 시간을 갖고 의논하거나, 진숙이의 요청대로 일부를 제외하고 발표해도 됐을 텐데, 그렇게 하기 어려웠던 이유가 있을까?"

혁재는 억울한 마음이 드는지 미간을 다소 찡그리며 답했다.

"무언가를 한번 시작했으면 완벽한 결과를 내야만 노력해온 과정도 인정받으리라 생각해요. 그렇게까지 노력해서 완성한 건데 일부를 공개하지 말라니 너무 허탈하잖아요."

"아, 일부를 제하면 완벽하지 못하다고 생각되는구나. 그렇다면 결과물을 보지 않고 과정만을 평가하겠다는 나의 시도에도 문제가 있는 걸까?"

아이들은 저마다 생각에 잠긴 듯 말이 없었다.

"사실 나도 올해 처음 시도한 수업이라 참여한 아이들과 깊은 대화를 나눠보고 싶었거든. 지금껏 내가 관찰한 바로는 예년의 비슷한 수업에 비해 참여도가 매우 높고 분위기도 좋아서 만족하고 있었어. 그런데 오늘 너희들과 이야기하다 보니 생각

못한 문제가 있을 수 있겠네."

민주가 조용히 손을 들었다.

"선생님, 제 꿈이 교사라서 여러 선생님의 수업을 관심 있게 보고 있거든요. 결과를 보지 않고 과정만을 평가하는 수업은 우리가 아직 경험한 적이 없어서 익숙하게 받아들여지지 않은 것 같아요."

"그럴 수 있겠네. 그렇다면 과정 중심 교육과정의 가치를 모두와 공유하는 데 있어 더 많은 나의 노력이 필요하겠구나. 앞으로 활동 기간에 더 자주 말해주면 될까?"

혁재가 조금 상기된 얼굴로 말을 이었다.

"이제 생각해보니 선생님이 거의 모든 시간에 과정 중심 활동임을 강조하셨어요. 하지만 있는 그대로 믿기는 어려웠어요. 제가 기억할 수 있는 가장 어린 시절로 돌아가 봐도 항상 무언가를 잘 해야만 격려받을 수 있었어요. 부모님을 포함해 유치원, 학교, 학원에서 만나는 모든 선생님과 어른들이 오로지 결과를 통해 저를 알아주었어요. 아무리 애를 써도 좋은 결과를 내지 못하면 최선을 다하지 못했다는 부정적인 평가가 돌아왔어요. 그러니 선생님의 지도 내용도 진심으로 받아들여지지 않을 수밖에요."

아이들은 혁재의 눈빛을 그대로 실어 내게 보내듯 공감을 표현했다.

"그럴 수 있겠구나. 네 노력을 성과로만 확인받을 수 있었다니 얼마나 고단했을까? 어른으로서 미안한 마음이 든다."

혁재의 말과 아이들의 표정에 가슴이 먹먹해진 나는 마음을 다해 위로했다. 그리고 다시 말했다.

"나는 여기 있는 우리 모두가 끊임없이 성장하는 존재라고 믿어. 특히 사춘기를 통해 자기 정체성을 발견해가는 너희들에게 있어, 진보와 도약은 물론 때로의 멈춤이나 퇴보마저도 모두 귀한 배움의 과정이야. 이 가치를 너희들뿐 아니라 다른 어른들과도 널리 공유하고 싶구나. 오늘 이렇게 진심을 다해 말해줘서 고마워."

민주가 반가운 표정으로 말했다.

"선생님의 교육관이 정말 멋져요. 제가 교사 지망생으로서 선생님께 한 가지 제안을 해볼게요. 앞으로 이런 수업을 하시기 전에 이렇게 말씀해보세요. '나는 여러분들이 지금껏 만나온 다른 어른과 완전히 달라'라고 말이에요. 그렇게 선생님이 특별한 존재임을 알리고 나면 아이들도 믿음을 가지고 편하게 받아들일 거예요."

민주의 말을 들은 아이들 모두 공감 어린 눈빛으로 끄덕였다.

"그렇구나. 이토록 따뜻한 마음으로 조언하며 지지해주니 더 힘이 난다. 고마워. 이제 곧 오후 수업에 들어가야 할 시간이니 진숙이 이야기를 한번 들어볼까. 여러 친구의 이야기를 듣고 난 지금 마음이 어때?"

"저도 그냥 발표에 참여해야겠어요."

그 사이 마음을 바꾼 진숙이를 아이들은 조금 긴장한 표정으로 바라보았다.

"이제는 춤추는 모습을 공개해도 부끄럽지 않겠어?"

나는 조심스럽게 물었다.

"여전히 부끄럽지만 친구들이 얼마나 애썼는지 알고 나니 이 정도의 불편은 감수해야 할 것 같아요."

"큰 결심을 했구나. 거부하고 싶었을 텐데 그런 네 마음을 외면하지 않고 끝까지 내게 말해줬잖아. 그 덕분에 교사로서 더 세심한 생각을 키울 수 있었어. 정말 고마워."

나는 풀이 죽은 채 잡은 두 손끝을 응시하고 있는 진숙이의 눈을 깊이 바라보며 말했다. 곧 다른 아이들을 향해 말을 이어갔다.

"그런데 우리 이 시점에서 다같이 한 가지를 생각해보자. 너희들의 부모님이 퇴근 후 직장 상사나 동료로부터 단체 채팅으로 업무 요청을 받는다면 지켜보는 마음이 어떨 것 같아?"

아이들은 내 질문의 의도를 알아챈 듯 말없이 고개를 숙였다.

"우리 사회는 여전히 과한 경쟁과 성과주의로 일과 개인의 삶 사이의 경계가 불분명한 문제를 안고 있어. 모둠의 방과 후 활동을 제한하는 것은 학교나 직장에 소속되어 사회적 성장을 이뤄가는 것 못지않게 개별적인 존재로서의 자신의 삶도 중요하다는 것을 강조하고 싶어서야. 그것은 너희가 어른이 되어서도 안전하고 만족스러운 삶을 가꾸기 위해 중요한 연습이 될 거야. 공동 과제에 대한 기대수준을 낮추더라도 앞으로는 잘 지켜주길 바라."

아이들은 서서히 고개를 들어 내 눈을 보며 끄덕거렸다. 나는 다시 진숙이를 바라보며 말했다.

"진숙이의 경우 방과 후에 단체 채팅방에 바로 응답할 의무는 없지만, 다음 날 학교에서 친구들을 만났을 때라도 답하지 않은 이유를 잘 설명해준다면 어떨까. 과한 오해를 덜 수 있지 않을까?"

진숙이를 포함한 모든 아이가 고개를 끄덕였다.

"더 말하고 싶은 친구 있을까?"

처음부터 끝까지 별 반응 없이 묵묵히 듣고만 있던 경욱이를 바라보며 물었다.

"사실 저도 활동 초부터 우리 모둠이 정한 곡에 부담이 컸어요. 제 수준에는 버거운 어려운 곡을 택한 것 같은데 대부분 좋아하니 마음에 안 든다는 말을 하기 어려웠거든요. 감당하기 힘들다고 느낄 때마다 제때 말하지 못한 제 탓이라고 여기며 싫은데도 억지로 따라갔어요. 그러다 보니 반대 의견을 솔직히 말하는 진숙이가 무척 이기적으로 보였어요. 하지만 이제 진숙이 입장도 이해가 가요. 저도 앞으로는 좀 늦더라도 충분히 제 입장을 표현하고 싶어졌어요."

나는 환하게 반기며 말했다.

"경욱이의 다짐이 정말 멋지다. 누구나 어떤 일을 하는 데 속도 차이가 있듯 마음을 알아채고 표현하는 속도도 다를 수 있어. 자신의 속도를 존중하겠다는 말은 다른 사람의 속도를 존중하겠다는 말과 다름없어. 이 대화를 통해 너희들이 그 어떤 모둠보다 내 수업의 목표에 멋지게 도달하고 있음을 알게 되어 너무 기쁘다."

우리는 서로에게 뜨거운 감동을 느끼며 격려했다. 교실을 나서던 민주가 살며시 다가와서 속삭였다.

"선생님 같은 어른은 정말 처음이에요."

"고마워. 나도 너 같은 동지는 처음이야. 우리 둘 다 미래에 더 좋은 교사가 될 수 있도록 협력해보자."

지금 바로 내 곁에 있는 아이는 내 양육의 성과물이 아니다.

함께 살아가는 고유하고 소중한 존재다. 그 점을 즉각적으로 일깨워주는 아이의 목소리에 귀 기울이는 순간, 자신을 특별한 사람으로 온전히 받아들이는 황홀하고 멋진 세상으로 초대받을 것이다.

교실에서만큼은
누구도 소외되지 않도록

나는 수업의 계획, 내용 선정, 평가 및 기록의 모든 과정을 아이들과 함께 구상한다. 배움은 학생의 자발적 의욕으로부터 시작되며, 이는 더 많은 자기 결정권이 보장될수록 높아진다. 개별 맞춤 수업인 '나의 연주 레퍼토리 만들기'에 이어 '나의 음악으로 연결된 같이(가치, 약칭 '음악 같이 가치')' 활동을 하기로 했는데, 이에 앞서 모둠 구성을 어떻게 짜면 좋을지 의논하는 시간이 있었다.

"여러분, 모둠은 어떤 방식으로 구성할까요?"

나의 질문을 기다렸다는 듯 몇 명의 아이가 입을 모아 대답했다.

"친한 아이끼리 모여요~!"

많은 아이가 '와!' 하는 탄성과 박수로 환호했다.

"아, 친한 사람끼리 모이길 바라는 친구가 많군요. 그런데 혹시 걱정되는 점은 없나요?"

속 깊고 성숙한 한 아이가 손을 들었다.

"그룹에 끼지 못하고 소외되는 친구가 있을까 걱정돼요."

다른 한 아이도 용기를 낸 듯 말했다.

"잘 하는 아이들끼리 몰려서 나머지 모둠은 망할 수 있어요."

"그렇군요. 그야말로 양극화가 생기겠네요."

그때 인기와 재능이 많은 한 아이가 손을 들었다.

"선생님, 마음이 잘 맞는 친구들과 모둠을 이루면 대부분 훌륭한 결과물이 나올 거예요. 소외되는 친구라 봤자 한 반에 겨우 한두 명이에요. 그 아이들 때문에 이렇게 많은 아이가 좋아하는 방법을 피해갈 필요가 있을까요?"

"그렇게 생각하는군요. 그럼 한두 명 정도는 마음이 아파도 괜찮을까요?"

"네, 많은 사람의 만족을 위해 소수의 사람은 양보하고 감수하는 게 맞을 것 같아요."

그때 한 아이가 고개를 저으며 우려하는 표정을 지었다.

"표정이 좋지 않은 데 이유가 있을까요?"

"선생님, 왠지 좀 잔인하게 느껴져요."

"그렇군요. 사실은 나도 그런 점이 걱정돼요. 누군가 마음이 아플 만한 구조를 만들어놓으면 지금 괜찮은 사람도 언젠가 닥칠지 모르는 어려운 상황에 대한 불안을 기본값처럼 지니게 돼요. 아무래도 사람을 선별하여 팀을 구성하는 방식은 생각지 못한 여러 문제를 야기할 수 있겠어요."

아이들은 고개를 끄덕거렸다. 그때 한 아이가 불안한 듯 말했다.

"선생님, 설마 랜덤으로 하시려는 건 아니죠?"

"랜덤 구성에 대해 걱정하는군요. 그건 어떤 문제가 있을까요?"

"제 마음과 상관없이 어딘가에 뚝 떨어질 것 같아 불안해요."

"그런 마음이 들 수 있겠네요. 이러면 어떨까요? 6명의 모둠장이 원하는 주제를 내걸고 관심 있는 친구를 모으는 거예요. 비공개 설문을 통해 1지망, 2지망 등 관심 순위별로 지원을 받고, 경합이 있을 경우 추첨으로 균일하게 배치하는 거죠."

"아, 좋은 방법이에요!"

대부분 아이들이 수긍하며 좋아했다. 그때 성취 의욕이 남다르게 높은 한 아이가 염려스러운 듯 질문했다.

"선생님, 이번에도 결과를 보지 않고 과정만을 보실 건가요?"

"네, 물론이에요."

아이 어깨의 긴장이 탁 풀어지는 게 느껴졌다.

"이번 활동에서 '어느 모둠이 더 잘 했는지' 보지 않고 '모두 함께했는지'를 볼 거예요. 심지어 늦은 친구를 기다려주느라, 혹은 서로 다른 생각을 충분히 들으며 맞춰가느라 늦어졌다면 발표가 늦어도 불이익이 없어요. 그 과정을 나에게 말과 글로 자세히 들려주기만 하면 돼요. 여러분, 어때요? 지금껏 보여준 선생님의 태도를 믿죠?"

"네!"

평가 계획을 들은 아이들은 '어떠한 친구와 함께하든 아무 상관없다'는 태도를 보이며 단 한 아이도 소외되지 않은 즐겁고 역동적인 수업을 이어갔다.

덴마크의 청소년을 위한 애프터스콜레(자유학교) 체제를 확립한 크리스텐 콜드Christen Kold는 이렇게 말했다.

"시험은 마치 식물이 잘 자라고 있는지 뿌리를 뽑아 확인하는 일과 같다."

우리 교육은 아이들의 성장 과정을 오래 지켜봐주지 않고 줄 그어 평가하는 데 익숙해져 있다. 게다가 그 결과값을 수준별로 도열하고 선별함으로써 기회의 차별을 부여하기까지 했다. 그로 인해 우리 모두 '교육은 원래 그런 것'이라는 착각을 해온 건 아닌지 의심할 필요가 있다.

학교 공부를 통해 청소년기에 일찌감치 소외 계급으로 낙인

받게 하는 줄 세우기 평가는 사회의 약자 층을 쳐내고 또 쳐내서 결국 모두 사라지게 하는 미개한 약육강식 시스템이다. 이 시스템의 승자는 과연 누구일까? 당장 이겼다 하더라도 내 등 뒤에서 수없이 내쳐지는 동료를 바라보는 승자의 마음이 결코 평화로울 리 없다. 그것은 우리 사회 모든 계층에 예외 없이 적용되는 '교육 불안'이라는 말로 이미 충분히 입증되고 있다.

줄 세우기 선별에 동원되는 학교 교육, 그것은 '오래 그리 해왔기에 원래 그런 것'이 아니라 '더 시급히 갈아 치워야 할 위험천만한 발암물질 덩어리'일 뿐이다. 부디 코로나19라는 위기를 계기로 삼아, 학교 교육의 본질을 회복하고 지금의 교육 양극화를 해소할 수 있는 기회가 되었으면 한다.

청소년은 양육자보다 동행자 원해

학업의 성과가 일생의 안정을 좌우한다고 여기는 우리 사회의 특성으로 인해 교육열이 심각하게 과열되어 있다. 이런 현상은 아이가 스스로 방향을 정하고 자기 속도로 성장할 수 있도록 기다려주지 않는다. 특히 아이가 신체적·인지적 발달에 어려움을 지니고 있다면 부모는 더욱 간절하게 물질과 시간을 들여 채워주려 애쓰게 된다.

고등학교 1학년 승후는 선천성 심장질환으로 인해 유아기 때부터 오랜 치료 과정을 거치느라 신체 발달이 늦고 청력도 약해졌다. 수업 시간에는 어둡고 무표정한 모습으로 힘겹게 자리를 지키다가 쉬는 시간만 되면 그대로 책상 위에 쓰러져 잠이 들곤 했다. 어느 날 승후와 빈 교실에 남아 이야기를 시작했다.

"승후는 어떤 걸 좋아하니? 시간 날 때 주로 뭐 해?"

"기계를 만지거나 조립하는 걸 좋아해요. 하지만 고등학교 입학 후 시간이 없어서 거의 하지 못하고 있어요."

아이는 굳은 표정으로 무심하게 대답했다.

"안타깝네. 주말에도 짬을 내기 어려운 거야?"

"주말은 학원 특강이나 평일에 못한 숙제와 잠으로 금세 지나가버려요."

아이의 목소리에서 짙은 피로감이 느껴졌다.

"저런, 너무 바쁘게 살고 있구나. 가족 중 너와 말이 잘 통하는 사람은 누구니?"

아이는 주저 없이 답했다.

"없어요."

아이의 냉담한 반응에 조심스럽게 다시 물었다.

"비교적 마음이 편한 사람은 있을까?"

"없어요."

이번에는 쓸쓸한 표정으로 고개를 젓기도 했다.

"저런, 외롭겠다. 부모님을 떠올리면 어떤 마음이 들어?"

"죄책감이 들어요."

한숨 같은 승후의 목소리 끝이 떨렸다. 나는 잠시 할 말을 잃고 아이의 숨소리에 귀를 기울였다.

"죄책감이 드는 이유는 뭘까?"

"제가 너무 모자라니까요."

"그렇게 생각하는 이유가 있을까? 혹시 부모님께서 자주 네 잘못을 지적하시니?"

"그런 건 아니에요. 제 행동이 느려서 숙제를 제때 하지 못하니 옆에서 많이 도와주셔요."

"아, 숙제가 많은가 보네."

"네, 학교 다녀와서 밥 먹고 학원 다녀오면 새벽 두 시까지 학원 숙제를 하게 돼요."

아이의 눈가가 젖어들었다.

"저런, 많이 피곤하겠네. 부모님과 의논해서 줄여보면 어때?"

"그런데 숙제가 많은 게 아니라 제가 느린 거라서 줄일 수는 없어요."

"줄일 수 없다는 건 네 생각이니?"

"엄마 생각이지만 절 위해서 그런 거니 어쩔 수 없죠."

체념한 듯 말했지만 표정에서 억눌린 화가 느껴졌다.

"그렇게 생각하는구나. 학원 수업이나 숙제를 줄이면 어떻게 될 것 같은데?"

"인생 망하죠. 저처럼 신체적 약점이 있는 사람은 더 살기 힘든 사회잖아요. 공부라도 잘해야 그나마 평균적인 삶을 살죠."

아이가 어른들에게 주로 어떤 말로 독려받고 있는지가 다분히 느껴졌다.

"아, 하고 싶은 일을 하기도 어렵고, 휴식도 부족하고… 게다가 공부를 잘 해야 한다는 마음으로 하루하루 힘겹게 해내고 있구나."

순간 아이의 눈에서 후두둑 우박 같은 눈물이 떨어졌다. 아이와 부모의 심정이 동시에 보여 아무 말도 나오지 않았다. 나는 한동안 말없이 책상 위에 걸친 채 떨고 있는 승후의 팔을 바라만 보았다. 아이의 눈물이 잦아들자 나는 말했다.

"승후야, 공부도 중요하지만 이토록 힘들어하는 걸 보니 네 건강과 마음을 위해 무언가 변화를 가지면 좋을 것 같아. 그 점에 대해서 내가 부모님과 의논해보고 싶은데, 네 생각은 어때?"

승후는 고개를 저으며 말했다.

"그러지 않으셨으면 좋겠어요."

"그래. 그렇다면 힘들 때 이야기 나눌 친구는 있니?"

"아니요. 귀가 잘 안 들려서 대응을 잘 못 하니 친구들이 다가왔다가도 금세 떠나요. 입모양을 봐야만 제대로 알아들을 수 있는데, 아이들은 뒤에서도 말하고 옆에서도 말하니까요."

"그렇구나. 안타깝네. 친구들은 네 청력이 약하다는 걸 알고 있을까?"

"아니요, 아무도 몰라요."

"그 점을 말해서 배려를 받으면 어때?"

내 질문에 승후는 잠시 말이 없다가 한참 후에야 답했다.

"…아이들이 제 약점을 아는 게 싫어요."

"그렇구나. 마음이 힘들 때 이야기 나눌 친구가 있다면 좋을 텐데… 그럼 나하고 친구처럼 자주 이야기 나누면 어때?"

"그건 별로예요."

"왜지? 내가 어른이라 불편하니?"

"그런 건 아니에요. 다만 저를 도우려는 어른이 아니었으면 좋겠어요."

생각지 못한 아이의 말에 당황하여 얼굴이 화끈거렸다.

"아, 그렇구나. 내가 널 도우려 한다고 느꼈니?"

"네."

"도우려는 어른이 싫은 건 왜일까?"

"제 부족을 더 많이, 자세하게 알게 돼요."

"아, 그런 마음이 들겠구나. 잘 말해줘서 고맙다. 이제부터는 너를 도우려 하지 않고 그냥 들을게."

아이는 처음으로 내 눈을 깊이 바라봤다.

"오늘 이야기를 나누다 보니 네가 자기 마음을 잘 아는 멋진 친구라는 걸 알게 되었어. 자기 마음을 정확하게 아는 것은 세상 그 어떤 능력보다 중요하고 힘이 센 기야. 너 참 잘 살아가고 있구나."

아이의 눈망울에 어린 눈물이 환한 미소로 부푼 양 볼을 타고 내려와 흩어졌다.

얼마 후 승후 어머니와 상담을 하게 되었다. 공부, 친구 관계, 스마트폰과 인터넷 사용 등 아이의 모든 생활에 전적으로 관여하며 집중 돌봄을 하느라 어머니는 잔뜩 지쳐 있었다. 그녀는 승후가 사회의 낙오자가 될까봐 불안한 마음에 자신의 삶도 없이 온전히 헌신하고 있다고 했다. 그런 어머니의 마음을 찬찬히 듣고 난 후 나는 물었다.

"어머니, 누군가 자신의 삶은 없고, 오로지 어머니의 어려움에만 집중한다면 어떤 마음이 드실까요?"

그녀는 멍하니 나를 바라보다 울먹이며 말했다

"아, 무슨 말씀인지 알 것 같아요. 선생님."

"어머니, 승후는 어머니가 생각하는 것보다 훨씬 강해요. 아이가 스스로 자라는 힘을 믿어주시면 좋겠어요."

승후 어머니는 오래도록 굵은 눈물을 흘리다가 가뿐한 표정으로 귀가했다.

누구나 그렇듯 아이 역시 자신에게 주어진 환경 안에서 최적의 삶을 추구하며 살아간다. 아이는 자신의 부족을 메꿔줄 대체가 아닌, 그저 따뜻한 한 사람으로 동행하는 어른이 필요하다. 아이의 타고난 조건이 열악해서 살아가기 힘들어진다면 그건 세상의 잘못이다. 결코 부모와 아이의 잘못이 아니다.

몸과 마음이 건강한 안전한 삶

나의 수업은 오프닝 음악으로 시작한다. 아이들이 돌아가면서 악곡 정보나 추천하는 이유를 들어 수업 시간마다 한 곡씩 소개하면 다 같이 감상한 후 서로의 소감을 나누는 식이다. 여러 아이의 취향을 고루 접할 수 있어 음악적 경험의 폭을 넓힐 수 있으며 이야기 나눔을 통해 자연스럽게 마음과 생각의 교류가 일어나 친화력 있는 분위기를 형성할 수 있다. 특히 모든 아이가 한 번 이상 자신이 좋아하는 음악을 소개하는 과정에 참여함으로써 발화력을 높이는 계기로 삼을 수 있다.

어느 월요일 아침, 한 아이가 월요병을 다룬 노래를 추천하며 말했다.

"이 곡에는 거친 표현이 있어 '수업 중에 들어도 될까?' 하며 조금 망설였지만 많은 친구들이 공감할 수 있는 내용이므로 위로가 되리라 생각합니다."

몇 명의 아이들은 이미 곡의 내용을 알고 있다는 듯 키득키득 웃었다. 영상은 빠르게 지나가는 휴일 뒤로 월요일을 맞아 눈물을 머금은 채 일하게 된다는 내용의 노래가 해학적인 애니메이션과 함께 구성되어 있었다. 소감을 말하는 순서에서 여러 아이가 한꺼번에 손을 들었다. 제일 먼저 지수를 지목했다.

"노래가 딱 제 마음 같아서 시원했어요."

대부분의 아이들은 '와' 하고 공감하는 웃음을 보였다.

"그렇군요. 월요일이 오는 걸 힘들어하는 친구가 참 많군요. 이번에는 성아가 말해볼까요?"

"저는 월요일이 더 좋아요. 집에 있으면 할 게 없어서 심심하거든요."

아이들이 '오' 하고 일부의 야유가 섞인 목소리로 반응했다.

"아, 그렇군요. 그런데 공감되지 않는 친구도 있나 봐요?"

우진이가 급하게 손을 들더니 지목하기도 전에 울상을 지으며 말했다.

"어떻게 월요일이 좋을 수가 있어요? 매일매일 학원 숙제가 왕창 밀려드는데요."

"저런… 우진이는 학원 숙제 때문에 마음이 버겁군요. 아까부터 손을 들고 있는 예지는 어떤 마음인가요?"

"저도 학원 숙제가 힘들지만 어찌 됐든 '이번 주는 한번 잘해 보자' 하며 새롭게 시작하는 기분이라 좋아요."

"음, 아쉬움이 남는 한 주를 보내고 다시 시작하는 마음도 드는군요."

우진이가 이해할 수 없다는 듯 짜증 섞인 목소리로 예지를 향해 말했다.

"그래봤자 새로운 숙제 더미가 시작된다고!"

딱한 표정으로 공감하는 아이들 가운데 한석이가 천장에 닿을 듯 손을 높이 치켜들었다.

"선생님, 저는 월요일이 정말 좋아요. 왜인 줄 아세요?"

"왜일까요?"

"그건… 학교에 오면 엄마가 없으니까요!"

일부 아이들은 소리 내어 웃었지만 적지 않은 아이들이 금기를 깨는 일탈을 지켜보듯 굳은 표정으로 내 눈치부터 살폈다.

"한석이는 그렇군요. 그런데 엄마가 있으면 어떤 점이 안 좋은 걸까요?"

"엄마의 잔소리가 듣기 싫어요. 공부해라. 숙제해라…."

많은 아이가 고개를 끄덕이며 공감했지만 끝내 눈살을 찌푸리며 부정적인 반응을 보이는 아이들도 몇 명 보였다.

"혹시 엄마의 잔소리가 공부나 숙제에 도움이 되는 측면은 있나요?"

"아아아니요! 엄마가 잔소리를 하든 안 하든 저는 결국 제가 할 수 있은 만큼만 하게 될 거예요."

한석이는 팔을 크게 휘저으며 힘주어 답했다.

"그렇군요. 그렇다면 이런 한석이 마음을 엄마는 아실까요?"

"글쎄요?"

"아직 말해보지 못했군요. '제가 형편껏 최선을 다하고 있으니 염려하지 말고 맡겨주세요.' 이런 식으로 말한다면 엄마의 반응은 어떨까요?"

"…하기 싫다는 말은 해봤지만 그렇게 말해본 적은 없는 것 같아요. 한번 해볼게요."

"그래요. '엄마의 반응이 어떨지, 그로 인한 한석이 마음은 어떨지' 궁금하네요. 원한다면 이야기해주기 바라요."

"네."

하고 싶은 말을 충분히 나눈 많은 아이들의 표정이 한결 가벼워졌다. 하지만 서너 명의 아이들은 여전히 나와 한석이를 번갈아 살피며 어둡고 염려 어린 표정을 보였다.

"오늘 월요일에 대한 여러분의 마음을 들을 수 있어서 좋았어요. 특히 힘든 심정도 솔직하게 말하는 여러 친구들의 모습을 보며 참 건강하다고 느꼈어요."

염려하던 표정의 아이들은 '건강하다'는 나의 표현에 놀란 듯 눈을 크게 뜨며 응시했다.

"긍정적인 마음이든 부정적인 마음이든 자신의 감정을 드러내는 것은 마음에 노폐물이 쌓이지 않도록 잘 지켜주는 행동이에요. 말이나 표정으로 즉각 표현하는 친구도 있고 글, 그림, 음악, 춤과 같이 다른 방법으로 더 잘 나타내는 친구도 있어요. 누군가는 시간이 꽤 흘러야만 알아채기도 해요. 오프닝 음악 듣기를 통해 친구들이 보이는 다양한 방식을 살피며 자신에게 잘 맞는 표현법을 찾아봐도 좋을 것 같아요."

놀라던 아이들도 내 의중을 알아차린 듯 고개를 끄덕이며 편안한 표정을 지었다.

비교사회에서는 성취의 적정선이 없다. 부단히 노력하여 가까스로 도달해도 또다시 새로운 목표가 주어지기 마련이다. 우리 사회의 많은 사람들이 외부의 요구에 부응하기 위해 학업이나 노동에 대한 자기 한계를 뛰어넘으려다 번아웃 되곤 한다. 심한 경우 은둔, 자학, 자살을 선택하기도 한다. 성장기 아이들은 비교적 안전한 학교나 가정에서 자신의 신체적·정서적 한계를 인식하여 형편껏 임하는 태도를 존중받을 필요가 있다. 학업 성취가 곧 물질적 보상으로 이어지는 학벌 지향 체제에서 교육열의 적정선을 지키기가 결코 쉽지 않다. 하지만 번아웃으로 인한 신체적·정서적 문제가 특정 소득 계층에만 나타나는 것은 아니기에 학업 성취가 근본적 해결책이 될 수도 없다.

아이가 어른이 되어서도 몸과 마음이 건강한 안전한 삶을 살아가기 원한다면 자신의 몸 그릇, 마음 그릇에 맞는 적정 학습권을 알아챌 수 있도록 존중할 필요가 있다. 그것이야말로 복잡한 사회의 요구 속에서도 결코 위축되지 않고 자기 결정권을 성성하게 지켜갈 수 있는 노동인권 교육의 첫 단추인 것이다.

에필로그

대신 성장할 수 있을까?

둘째 아이가 돌을 지날 때까지 3, 4년간 살았던 곳은 남한산 자락에 있는 한 복도식 아파트였다. 가장 끝의 집이다 보니 복도의 후미진 구석에 종종 새들이 날아들어 쉬어가곤 했다. 그러던 어느 날 비둘기 한 쌍이 아예 둥지를 틀어 알을 낳고 기르기 시작했다. 가족들 저마다 출퇴근, 등하원 길에 비둘기 가족의 일과를 관찰하고 분석하며 자주 이야기를 나눴다. 그렇게 몇 달간 부부 비둘기의 정성으로 잘 자란 아이 비둘기가 작지만 튼튼한 몸을 이루고 나자 비행 연습이 이루어졌다. 부모 비둘기는 난간에 선 아이 비둘기의 좌우로 1미터쯤 떨어진 곳에 각각 자리 잡아 어설픈 날갯짓으로 짧은 거리를 오가는 아이 비둘기를 침착하게 바라봐 주었다. 언제든 균형을 잃으면 재빨리 다가가 붙잡아줄 요량으로 보였다. 며칠 지난 뒤 보니 부부 비둘기와 아이 비둘기의 거리는 5미터 남짓으로 벌어져 있었다. 망설이듯 난간 아래를 바라보다가 힘차게 박차고 오르는 아이 비둘기의 첫 비상을 지켜보던 그들의 안도 어린 시선이 오래도록 선명한 기억으로 남아 있다. 그렇게 차츰 거리를 두다가 얼마 후 비둘기 부부는 아이 비둘기가 균형을 잃더라도 도와줄 수 없는 꽤 먼 거리에서 유유히 바라보고 있었다. 그날 이후 비둘기 가족을 한자리에서 다시 본 기억이 없다. 가끔 들르는 비둘기 중 한 마리가 부모거나 아이일 거라고 짐작만 했다.

두 아이의 엄마가 되는 순간에 우리 집에 찾아온 비둘기 가족은 부모로서 성장해 나가는 과정에서 가장 중요한 스승이 되었다. 특히, 부모 노릇이 처음인 첫째 아이와의 거리 조정에 불안을 느낄 때마다 비둘기 가족의 모습이 마치 바로 어제 일처럼 선명하게 떠오르며 마음을 다독이고 안심시켜주었다.

27년간 중고등학교 교사로 수많은 청소년과 동행하며 살아왔다. 특히 '공감대화'의 중요성을 인식한 이후 아이들의 속마음과 연결되어 진심으로 교감할 수 있었다. 부모는 누구나 한도 끝도 없이 내 아이를 사랑한다. 그러나 아쉽게도 많은 아이들이 부모의 밑도 높은 관심을 사랑으로 느끼지 못한다. 아이들은 적정 거리에서 믿음을 전제로 관심받을 때 사랑받는다고 느낀다. 관심이 부족하면 방임으로, 믿음 없는 과한 돌봄은 침해로 느낄 것이기에 적정한 사랑을 주는 일은 그저 이상적이고 요원한 것일 수 있다. 자녀를 부모의 소유로 인식해온 시대에 성장한 우리 세대는 많은 경우 부모의 방임이나 과잉보호로 인한 상처가 깊다. 좋은 양육을 경험하지 못한 채 내 부모보다 더 좋은 부모가 되겠다는 비장한 각오만 투철해서 오히려 아이와의 유연한 관계에 걸림돌이 되기도 한다.

어른도 부족한 것 투성이인 것처럼 아이의 부족은 당연한 것이다. 내 아이만은 누구와 비교해도 나무랄 데 없는 완벽한 아이로 성장하기 바라는 마음이 아이에게 비칠 때 아이는 자기 존재 자체를 존중받지 못한다고 느낄 수 있다.

대만의 대표적 지성인, 룽잉타이가 독일인 남편 사이에서 낳은 열여덟 살 큰아들, 안드레아와 주고받은 편지에 "아시안 부모는 누군가 자기 아이에게 말을 걸면 대신 답을 해요"라는 말이 나온다.

그 한 문장은 아이의 자율성을 철통같이 지켜주고 싶어 온갖 애를 쓰며 큰아이의 사춘기를 지나던 내게도 묵직한 경종이 되었다. 아주 사소하고도 빈번한 일상적 풍경이었기에 그 발견이 주는 일깨움은 교육자로서 살아온 내 인생 전반을 뒤흔드는 거대한 지진처럼 파동이 크고 길었다.

가정에서나 학교에서나 우리는 수도 없이 대신 생각하고 대신 정해서 대신 계획한 대로 성장시키려 애를 썼다. 아이는 미완성이고 어른은 완성이라는 착각으로 아이로 하여금 '자신은 뭐든 옳지 않고 어른은 뭐든 옳다'는 무력감을 느끼게 한다. 어른도 미완성이다. 그럼에도 우리는 살아가고 있다. 아이들은 완성된 삶보다 미완성이지만 자신의 형편에 맞게 최선을 다해 살아가는 사람들과 마음을 맞대고 싶어 한다. 그래야 계속 도전할 수 있는 용기가 생기기 때문이다.

누구나 알고 있지만 쉽지 않다. 불안하기 때문이다. 모든 삶이 그렇듯 아이도 불안하다. 굳이 부모의 불안을 인계해주지 않아도 아이 자신의 삶에 주어진 불안을 해결하기 위해 어깨가 무겁다. 지금껏 수만 명 아이들을 만나왔지만 잘 살아가고 싶지 않은 아이를 단 한 명도 본 적이 없다. 어른이 그렇듯 아이도 누구나 주어진 조건 안에서 최선을 다해 살아가고 있다. 곁에 있는 어른이 아이 본연의 건강성을 믿고 응원하며 권하고 싶은 여러 삶 중 그저 하나의 보기로 묵묵히 동행해준다면 아이는 자기 내면의 요구에 귀를 기울이며 자신의 속도에 맞춰 세상과 조화해 나갈 힘을 충분히 발휘할 수 있다.

'마음과 생각의 날개를 활짝 펴는 자유학년 음악수업'이라는 가치를 추구하며 지난 한 해를 함께 보낸 중학교 1학년 아이들이 뮤지컬 영화 〈위대한 쇼맨〉의 음악을 이용하여 〈위대한 학생들〉이라는 작품을 구상하여 공연했다. 대본 쓰기부터 무대 연습까지 오로지 아이들간 협력으로 이루어진 공연을 관람하며 나는 몇 번이나 진한 눈물을 흘렸다.

뮤지컬 가수, 작가 등의 꿈을 품고 중학교 진학을 기대한 여덟 명의 아이들의 이야기다. 자신의 꿈을 소개하며 들뜬 아이들이 'A Million Dreams(수많은 꿈들)'을 부르며 퇴장한다. 곧 중학생이 되어 다시 등장한 아이들은 어른들의 편견과 학교 공부에 대한 과한 압박으로 점차 자신의 존재가 희미해져 감을 느끼며 지친 목소리로 서로의 심정을 토로한다. 그때 엄마들의 목소리가 하나씩 환청처럼 들려온다.

"엄마가 노래 연습 그만하고 숙제하라고 했지!"

"넌 중학생이 되어서 공부는 안 하고 뭐 하니?"

"엄마 친구 아들은 전교 1등 했다는데, 넌 이게 뭐야?"

"그까짓 글쓰기가 너에게 도움이 될 것 같아? 글쓰는 게 너를 먹여 살리니, 공부를 잘하게 만들어주니? 정신 좀 차려!"

"학원에서 이번 시험 또 통과 못했다고 전화왔다. 넌 왜 이래, 진짜! 성적 올리기로 약속했잖아! 자꾸 엄마 실망만 시킬 거니?"

"엄마는 부모님이 아무것도 안 시켜도 잘만 했는데 넌 누굴 닮아서 이럴까?"

아이들의 대사가 너무나 생생하고 아파서 그만 울컥 눈물이 났다. 관람을 하는 아이들도 어두운 표정으로 하나, 둘 고개를 숙이며 공감하는 모습을 보였다.

무대 위의 아이들은 자기 엄마의 목소리가 들려올 때마다 고통스러운 표정으로 두 귀를 막은 채 한 명씩 무릎이 꺾여 쓰러졌다. 잠시 어둠 속에서 정적이 흐른 뒤 노래 'This is me(그게 나야)'의 전주가 흘러나오며 조명이 켜진다. 비틀거리며 한 명씩 일어난 아이들이 한 소절씩 이어가며 노래하다가 결국 힘찬 군무와 합창으로 마무리한다. 다시 환한 모습을 찾은 아이들이 'From Now On(지금부터)'을 배경음악으로 한 명씩 무대의 앞쪽으로 걸어 나오며 결기를 담아 외쳤다.

"나는 나의 인생을 살고 싶어요."

"나는 하나밖에 없는 소중한 미래를 스스로 만들 거에요. 어렸을 때처럼 순수하고 자유롭게, 가능성은 무한하니까요."

"내가 하고 싶은 일을 더 이상 누군가에게 맡기다 놓치고 싶지 않아요, 나는 누구보다 당당하고 또 빛나게 나의 길을 가고 싶어요."

"'나는 할 수 있다'는 마음가짐으로 안 되는 게 없어요."

"어려움이 있기에 낙이 존재하는 거겠죠."

"다른 사람에게 휘둘리지 않고 나와 정정당당하게 대면해 보세요."

"우리의 이야기를 끝낼 수 있는 사람은 결국 우리예요."

"우리의 미래는 너무나 두렵고, 그만큼 멀고, 그만큼 떨리지만, 그만큼 가능성이 있고 그만큼 기대되죠!"

아직 어려도, 많이 부족해도 아이들은 스스로의 힘으로 성장하고 싶어 한다. 정작 자기 마음이 들어가 안식할 방 한 칸 없는 거대한 성이 아니라 작은 오두막일지라도 자신의 속도와 방법으로 완성하고 싶어 한다. 그렇다고 이 복잡하고 위험한 세상에서 일순간에 아이의 손을 놓을 수는 없는 노릇이다. 하지만 아이를 기르는 사람의 책임감이 함께하는 순간의 정겨움을 압도할 때 우리는 적정 사랑의 방법을 잃고 만다. 그러니 우리는 오로지 아이의 마음을 묻고 그 순간에 집중하여 아이가 원하는 적정선을 예민하게 감지하며 지켜주는 수밖에 없다. 아이의 행동을 자의적으로 판단하여 함부로 평가하지 않고 직면한 마음을 물어 끝까지 들은 뒤, '아, 그렇구나'라는 쉼표를 찍는 순간, 바로 기적같이 끈끈한 연대의 힘을 확인할 수 있을 것이다.